la
HERMANDAD

Si usted desea que le mantengamos informado
de nuestras publicaciones, sólo tiene que remitirnos
su nombre y dirección, indicando qué temas le interesan,
y gustosamente complaceremos su petición.

Ediciones Robinbook
información bibliográfica
Indústria, 11 (Pol. Ind. Buvisa)
08329 - Teià (Barcelona)
e-mail: info@robinbook.com
www.robinbook.com

www.robinbook.com

Título original: *The Brotherhood*

© 2006, Carlton Books Limited text and design
© 2006, Ediciones Robinbook, s. l., Barcelona

Compaginación y adaptación: Cifra (www.cifra.cc)
Diseño: Simon Wilder
ISBN: 84-7927-803-X

Impreso en Dubai - *Printed in Dubai*

la
HERMANDAD

Claves y secretos de la
MASONERÍA

TIM DEDOPULOS

Traducción de M.ª Isabel Cuena Boy

GRANDES ENIGMAS

hermética

ÍNDICE

¿Qué es la francmasonería?

Desde sus comienzos, la francmasonería ha sido blanco de rumores y leyendas. Cada persona parece tener una postura diferente hacia ella. Es una conspiración secreta que gobierna el mundo... No, es la heredera de la riqueza y los misterios de los caballeros del Temple... Un club constituido con el fin de mantener ocupada durante la semana a una panda inofensiva de hombres mayores... Una conspiración satánica que pretende acabar para siempre con la humanidad... Una red enorme de adultos corruptos... La guardiana de grandiosos secretos ocultos... Una religión blasfema... Un grupo numeroso de personas dedicadas a obtener fondos para fines benéficos... Existen miles de teorías, pero la realidad es mucho más extraña y asombrosa.

La respuesta oficial tradicional (aquella que probablemente le darían a uno si preguntase a una gran logia acerca del Oficio) define la francmasonería como «un peculiar sistema moral lleno de alegorías e iluminado por símbolos». Es innegable que esta respuesta resulta evocadora, pero ¿qué quiere decir? y, lo que es más importante, ¿qué implicaciones encierra?

Maestros pasados y presentes de la logia celebran el 275.º aniversario de la fundación de la Gran Logia Unida de Inglaterra, en Earl's Court, Londres, 1992.

Este grabado repleto de símbolos rinde homenaje al espíritu benefactor y a las buenas obras de la francmasonería.

Desde la perspectiva más sencilla, la francmasonería es una de las sociedades fraternales más antiguas del mundo que han sobrevivido hasta la actualidad. Aunque no es específicamente religiosa, sus miembros pretenden evolucionar moral y espiritualmente para convertirse en mejores personas. A lo largo de su experiencia como miembros, aprenden los principios de la francmasonería a través de dramas rituales en los que todo está definido de antemano. Allí se hace uso de palabras, acciones y escenarios ancestrales, y se ofrecen enseñanzas que se relacionan con las ceremonias del gremio de los canteros, haciendo especial hincapié en sus herramientas y costumbres.

Lo más importante para convertirse en francmasón es creer en Dios o en cualquier otro tipo de divinidad suprema. No importa qué religión se siga o lo devoto que uno sea. Todos los credos, aun los caseros, son bienvenidos, y el cumplimiento de los dictados de la religión recae sólo sobre la conciencia de uno mismo. Lo importante es tener fe en un ser supremo. La razón parece obvia: si uno no cree en el lado espiritual de la vida, difícilmente podrá afirmar que tiene interés en evolucionar espiritualmente, y nada de esto tendría mucho sentido.

Aparte de eso, no tienen importancia cuáles son las creencias particulares de cada cual. La francmasonería no se entromete en la religión de sus miembros; de hecho, está totalmente prohibido entrar en polémicas de carácter religioso o enzarzarse en debates políticos durante los encuentros. Las cuestiones de este tipo se consideran personales y, además, capaces de crear serias divisiones. Tratándose de una organización que pretende englobar a miembros de buena reputación que pertenecen a todas las razas, religiones y creencias, resulta vital rehuir las disputas políticas y religiosas.

Pitágoras (a la izquierda) y un músico (a la derecha) representan la nobleza de las artes liberales en esta imagen medieval. La búsqueda del conocimiento en la ciencia y las artes constituye la esencia del viaje del francmasón hacia la propia perfección.

Por supuesto, la francmasonería es algo más que un simple conjunto de enseñanzas morales y espirituales. Posee muchas otras facetas derivadas de su propósito principal. Una de las más importantes es el carácter marcadamente benéfico de la organización. En 1994, se calcula que entre todas las grandes logias de Estados Unidos y sus miembros donaron la suma de 625 millones de dólares a causas locales y nacionales; suma a la que probablemente habría que añadir unos 400 millones de dólares adicionales para otros fondos internacionales. Pero esto es tan sólo la punta del iceberg, ya que un gran número de masones realiza trabajos de voluntariado en su tiempo libre. La Masonic Service Association, por ejemplo, proporciona voluntarios que trabajan con pacientes (lo que supone medio millón de horas de trabajo al año) a todas

las administraciones hospitalarias de veteranos de guerra de Estados Unidos. En Detroit, mil masones locales patrullan la ciudad durante la denominada Noche del Diablo, el 30 de octubre, para intentar cortar la ola de incendios y saqueos que asolan a Detroit todos los años en ese día previo a la celebración de Halloween. Gracias a sus esfuerzos, la zona de la ciudad que tienen asignada se ha mantenido tranquila y lleva sin sufrir daños muchos años.

En Gran Bretaña, los miembros del Oficio aportan más de tres millones de libras esterlinas anualmente a causas benéficas nacionales e internacionales no masónicas, entre las que se encuentran un movimiento dedicado a los hospicios, el Prince's Trust (dedicado a investigar sobre el Alzheimer) o los proyectos de realojo de niños desfavorecidos de las zonas urbanas deprimidas.

Además, cada una de las logias aporta su contribución a las organizaciones benéficas locales no masónicas. La aportación media a las organizaciones benéficas locales suele rondar las 100.000 libras esterlinas al año en los condados con una presencia masónica considerable. En Australia y Nueva Zelanda, las actividades benéficas se distribuyen entre los distintos niveles de la organización. Las grandes logias regionales unidas poseen sus propios programas como sustento de una gran variedad de organizaciones benéficas y de las logias individuales normales (simbólicas o logias del Oficio). Aun así, se estima que la aportación en estos dos países asciende a más de seis millones de dólares australianos al año.

Otro aspecto importante de la francmasonería es que implica una relación social. Todos los francmasones saben de antemano que comparten determinadas posturas y expectativas, y eso es una buena base para conocerse mejor entre ellos. Para ser aceptado como iniciado, es necesario que un miembro responda por ti dando fe de que eres una persona honrada y socialmente responsable; luego tú mismo deberás convencer de ello a la mayoría de los miembros de la logia. Todos los demás masones habrán tenido que pasar por un examen parecido. Como miembro, sabrás que las personas que encuentres allí desean aprender y mejorar como seres humanos y que tú mismo pasarás por experiencias similares en los rituales de la logia. Todo esto contribuye a crear una sólida base para la amistad, incluso antes de que hayas siquiera tomado conciencia de los aspectos sociales de las reuniones.

Como se mencionó antes, la francmasonería también es formativa. Su estructura gira alrededor de las enseñanzas y la ilustración a través de los contenidos simbólicos y alegóricos de las logias y de los rituales que tienen lugar en ellas. Las bases del Oficio establecen que sus miembros deben buscar un mayor conocimiento del universo y del papel que desempeñan en él. Aun fuera de sus enseñanzas, se anima a sus miembros a que aprendan todo lo que puedan sobre las artes y las ciencias. Y ello aparte de la filosofía espiritual y moral que el Oficio enseña mediante los rituales. A lo largo de los siglos, la masonería se ha esforzado por establecer unas verdades con las que cualquier persona sensata se pueda identificar más allá de sus tendencias políticas o religiosas; éstos son los fundamentos de los rituales que se llevan a cabo.

Hasta aquí hemos mencionado algunos de los elementos más importantes de la francmasonería. Sin embargo, también conviene ver las cosas que ésta no es. Ante todo, no es una religión. Posee algunas ceremonias cuasi-religiosas que podrían parecer religiosas. En concreto, la necesidad de creer en un ser supremo y el hecho de que sus enseñanzas estén basadas en ritos alegóricos. Después de todo, la moralidad y la evolución espiritual son principios básicos de los movimientos religiosos. Sin embargo, no es más que una cuestión aparente.

La francmasonería no ofrece ningún camino a la salvación ni es vía alguna de contacto con Dios. No posee soluciones para los males que aquejan al mundo aparte de tratar de ser honrado y cabal. No ofrece ninguna interpretación del mal y, por ende, tampoco del bien. No tiene respuestas para el dolor o la pena y no afirma saber qué sucede una vez que las personas mueren. No tiene nada que ver con los castigos a los pecados y no posee ningún tipo de dogma. Por definición, todas las religiones deben ofrecer algún tipo de mediación o explicación del mundo espiritual y sus necesidades. La masonería tan sólo pretende ayudar a sus miembros a ser mejores personas.

Visto desde fuera, esto no siempre está tan claro. Hace algunas décadas, la Iglesia Católica cambió radicalmente de postura y prohibió a todos los católicos hacerse francmasones. Por supuesto, no todos los católicos han obedecido a este mandato; el propio Oficio no impone prohibiciones a ninguna fe. Aún no se han esclarecido las razones que la motivaron; desde luego, ni en los rituales ni en la tradición masónicos parece haber nada que contravenga las enseñanzas de la Iglesia Católica.

La francmasonería tampoco es en absoluto una organización política. En los encuentros masónicos está expresamente prohibido discutir asuntos políticos. Las convicciones políticas son unos elementos profundos, propios y peculiares del carácter de cualquier persona y, si la francmasonería adoptara una dimensión política, acabaría fragmentándose enormemente. Evitar todo debate político es la mejor forma de evitar las inclinaciones o motivaciones políticas. Así pues, queda clara y totalmente excluida la posibilidad de que cualquier propósito político encubierto se apodere de la masonería.

A pesar de los ataques que recibe de vez en cuando vía internet y desde la ignorancia, la francmasonería no es una organización única y centralizada. De hecho, está tan lejos de ser una entidad de cohesión total como puede estarlo cualquier otro movimiento. Cada grand logia es en sí su propia autoridad suprema y ninguna gran logia o gran logia

El cardenal Bernard Law ordena a un nuevo sacerdote católico, y le transmite el Espíritu Santo mediante la imposición de manos según el rito católico romano.

unida influye en las demás. No hay ningún orden de superioridad o prioridad. Los oficiales de una gran logia son la única autoridad de la francmasonería en su territorio. Cada estado norteamericano, cada nación del Reino Unido, cada territorio australiano, cada país o cualquier otra subdivisión constituyen un mundo masónico propio.

Más adelante, examinaremos su estructura y el conjunto de normas comunes y rituales establecidos en los que se basan, de lo cual resulta que los masones que pertenecen a una gran logia tienen la misma experiencia y educación que los de otra. Sin embargo, las grandes logias no tienen por qué ver todas las cosas de exactamente la misma manera. Por tanto, sugerir que semejante conjunto de feudos pueda unirse con un mismo propósito político encubierto supone una extraordinaria capacidad imaginativa.

Cabe señalar igualmente que la francmasonería tampoco es ningún club. Si bien es cierto que presenta numerosos aspectos de carácter social, su fin principal no pasa por ser una entidad social. La pertenencia a la francmasonería no acarrea ningún tipo de ventaja adicional. No tiene nada que ver con los establecimientos hosteleros que sólo admiten a miembros registrados a los que ofrecen puros y delicados coñacs gratuitos. Las acusaciones más graves que ha recibido la masonería son las del nepotismo y el amiguismo, pero lo cierto es que los juramentos y las obligaciones de la sociedad precisamente prohíben a sus miembros hacer uso de ella en ese sentido. La francmasonería exige a sus miembros que respeten y honren tanto el espíritu como la letra de la ley del país en el que viven y trabajan.

Así pues, sus principios no sólo no están en contradicción con los deberes de sus miembros como ciudadanos, sino que pretenden reforzarlos animando a los masones a que cumplan con sus responsabilidades personales, tanto en la esfera privada como en la pública.

La francmasonería condena a quienes aprovechan su pertenencia a ella para favorecer sus propios intereses o los de terceros (económicos, profesionales o personales) y, de hecho, tal comportamiento es motivo de expulsión. Tienen la obligación de no traicionar los secretos que se les confíen, siempre y cuando éstos sean socialmente aceptables. El deber de un masón hacia la sociedad prevalece sobre las obligaciones hacia otro francmasón. Está prohibido intentar encubrir a un francmasón que haya infringido la ley o se haya comportado de manera deshonrosa. Los intereses particulares de los miembros están por debajo de los de la sociedad.

De hecho, la estructura de la francmasonería no pretende ofrecer grandes oportunidades para establecer una red de contactos. En las reuniones priman los asuntos de la logia y los rituales, y queda poco espacio para entablar conversaciones. Incluso durante las comidas que celebran después, suelen adoptar un comportamiento de carácter casi ritual. Por supuesto que hay momentos de socialización, pero no son lo primordial. Entre las prácticas formales de la masonería no se incluye la reunión periódica de distintas logias. Sería posible (aunque poco habitual) que un miembro pasase décadas dentro de la organización sin conocer a ningún miembro ajeno a su propia logia.

Pero con esto no pretendemos negar que la masonería sea una experiencia social. La inmensa mayoría de los

La reconstrucción bíblica de
Jerusalén después de su saqueo,
tal y como se describe en Nehemías,
capítulo 3.

masones ganan numerosas amistades, y muy buenas, a lo largo de su vida masónica. Ése es uno de los grandes placeres de pertenecer a la organización. No obstante, no es el objetivo principal de la francmasonería.

Por último, hablaremos de algo que seguramente sorprenderá a los lectores: la francmasonería no es una sociedad secreta. Si lo fuera, su existencia se mantendría en secreto. Al contrario, pone gran empeño en resultar lo más accesible posible. La mayoría de las guías telefónicas incluyen las logias locales, y la mayor parte de las grandes logias y las grandes logias unidas tienen una sólida presencia en internet, publicando sus números de contacto. En un caso así, difícilmente se puede hablar de secretismo.

La afiliación tampoco es secreta; si bien se deja a discreción de cada masón confirmar su pertenencia a la organización, en su mayoría están orgullosos de ella y se declaran masones abiertamente. No existe ningún registro centralizado de los francmasones que hay en todo el mundo, pero insistimos de nuevo en que realmente no hay nada centralizado. En algunas zonas, incluso es tradición que las logias locales celebren públicamente un desfile de sus miembros una o dos veces al año. Aunque se han adoptado diversas actitudes a lo largo de los años, lo único que la organización exige a los miembros que mantengan en secreto son los mecanismos por los cuales un miembro puede reconocer a otro y, de todos modos, internet está plagado de información al respecto.

No obstante, no se puede definir algo señalando todo aquello que no es, o no más de lo que se puede llegar a entender observando sus efectos secundarios. Retomando la definición de la que hablábamos al principio (un sistema moral lleno de alegorías), parece que su propósito es serio, sí, pero no nos hacemos una idea sólida al respecto. Ese sistema moral ofrece una selección de verdades, tanto filosóficas como científicas, basadas en el principio generalmente aceptado de que existe una única divinidad todopoderosa, infinita y perfecta. De dicho principio deriva la búsqueda de la perfección, y de la integridad del universo y sus correspondencias internas. Trabajando con un esquema general que corresponde a las diferentes etapas de la existencia humana y universal y con una serie de enseñanzas que incluyen esas verdades, se puede alcanzar un mayor virtuosismo moral y social. Todo esto está disfrazado bajo la pureza de la geometría matemática y la fuerza física que gobierna esos principios geométricos: la fuerza de la arquitectura y de la construcción.

Pero incluso esto no es más que una simple declaración de creencias y propósitos del Oficio.

¿Qué es realmente la francmasonería? Se podría decir que el término se emplea para designar las creencias y prácticas de los francmasones a escala internacional, así como los vínculos entre sus grupos y su manera de administrarse. Francmasonería es un término definido por sí mismo (hace referencia a lo que hacen los francmasones) pero es, eso sí, un término global. Podríamos adoptar una definición más útil, que considera a la francmasonería como un oficio, una vocación personal de crecimiento moral benevolente cuyos principios se transmiten a través de imágenes asociadas a la construcción.

Según un manual alemán de referencia, se trata de «la actividad que desempeñan unos hombres que mantienen estrechos lazos de unión y que [...] trabajan en pro del bienestar de la humanidad, esforzándose moralmente por ennoblecerse y ennoblecer a los demás con el fin de establecer una liga universal de la humanidad». Por fin, una definición cercana a la precisión.

Desde luego, la francmasonería debe de tener algo cautivador para haber logrado sobrevivir y florecer durante tres siglos. Si no tuviese algún propósito, alguna aspiración, hace tiempo que habría caído en el olvido como ha ocurrido a otras organizaciones. Su misión consiste en contribuir a poner en práctica los planes de lo divino. Así como el principal símbolo de la francmasonería es la reconstrucción del templo de Salomón en Jerusalén (el hogar de Dios en la tierra, lo más sagrado de lo sagrado), su aspiración es la construcción metafórica de un templo perfecto donde los hombres convivan unidos en paz.

Al menos, eso nos sirve de respuesta. Disfrazada bajo las ceremonias del antiguo gremio de los canteros y sin hacer distinciones entre religiones, razas o clases sociales, la francmasonería no es sino un camino que conduce a la moralidad, la humanidad y el amor. Las acciones benéficas y las buenas obras que entraña son casi incidentales, fruto del intento por mejorar las cosas. Así pues, se trata de un esfuerzo colectivo para mejorar el mundo, en el que cada cual se responsabiliza de uno mismo y del mundo que le rodea y trabaja junto a otras personas de la misma ideología para lograr que las cosas sean algo mejores.

La francmasonería, por extraño y asombroso que parezca, no es una orden religiosa ni una organización secreta; ni siquiera es una organización. Es un viaje brillante, optimista y tortuoso, hacia un mundo mejor.

1

La francmasonería exotérica

La imagen más común que la gente tiene de la francmasonería es la de una gran entidad, una organización unificada que se extiende por todos los continentes. Este concepto, unido a la generalizada y equivocada idea de que también es una sociedad secreta, hace que evocar semejante estructura ponga bastante nerviosos a quienes sean dados a imaginar conspiraciones, lo cual es comprensible. La idea de una orden secreta enorme y siniestra, que posee tantos brazos como un pulpo y que se dedica a espiar al mundo entero a través de un ojo gigantesco enmarcado en una pirámide, es poderosa, seductora, alarmante y, afortunadamente, falsa.

La realidad es que el mundo masónico tiene un carácter tan variado, territorial y dividido que resulta casi imposible hablar de él en general. Al igual que sucede con casi todos los sistemas filosóficos y religiosos, la francmasonería ha sido interpretada y expresada de diversas maneras en diferentes épocas a lo largo de la historia. No hay dos masones cuya definición del Oficio coincida totalmente; en algunos casos, incluso pueden tener ideas radicalmente opuestas. No hay regla o principio al que no se haya encontrado una excepción. Lo único en lo que todos los masones coinciden es, de hecho, en la importancia de la propia francmasonería. Sin embargo, la experiencia masónica posee unos principios esenciales y casi todos los masones están de acuerdo en la mayoría de sus puntos. Como se mostrará en el presente capítulo, las variaciones masónicas y las diferencias que presentan no hacen sino añadir mayor belleza e interés al asunto.

Un edificio masónico en Yeovil, Inglaterra, que sirve a dicha ciudad y a sus alrededores. En la inscripción de la vidriera situada sobre la puerta se anuncia abiertamente el propósito del edificio.

La estructura interna

Con frecuencia, los neófitos de la francmasonería se sorprenden ante lo caótica que es la estructura interna del Oficio. Lejos de ser el grupo unido en una alarmante conspiración que muchos teóricos afirman, se trata de una vocación profundamente dividida, y resulta realmente imposible considerarla una organización única y unitaria.

En los niveles más bajos, la estructura es bastante sencilla. La piedra angular del mundo masónico es la gran logia o, como se denomina en algunos lugares, el gran oriente. La gran logia tiene una función administrativa; agrupa a cuatro o más logias simbólicas (regulares) y les proporciona un conjunto común de normas y obediencias. Generalmente, los miembros de una gran logia han servido previamente como maestros en una o varias de las logias que la constituyen. Estos maestros pasados no suelen tener asignado ningún deber específico en su logia local, de modo que a menudo tienen suficiente tiempo libre como para dedicarlo a la administración central o a ayudar con otras tareas administrativas. Se supone que los años de experiencia acumulada les habrán proporcionado los conocimientos suficientes como para prestar su ayuda al frente del grupo.

La gran logia

En teoría, la característica principal que todas las grandes logias comparten es su adhesión a los *Landmarks* o fundamentos de la francmasonería, que son los principios que les sirven de guía y que constituyen en sí mismos el corazón y la esencia del Oficio. Desgraciadamente, hay tantas opiniones dispares acerca de lo que son los *Landmarks* como francmasones existen. Dado el carácter potencialmente divisorio del asunto, algunas grandes logias no tratan de definir los *Landmarks* (aunque, informalmente, tienen las ideas muy claras al respecto). Así pues, parece que lo único que realmente comparten las grandes logias es la aceptación de que existen unos *Landmarks* que definen el Oficio.

La mayoría de las grandes logias posee una organización territorial. En los países en los que la presencia masónica es relativamente pequeña o en aquellos territorios más reducidos, puede existir una sola gran logia para servir a toda la nación. Sin embargo, si las logias de un país son lo suficientemente numerosas y se encuentran lo bastante distanciadas entre sí, el país se puede dividir por regiones y, entonces, cada territorio o estado tendrá su propia gran logia.

Pero, por supuesto, no siempre es tan sencillo. Muchas veces, los acontecimientos históricos han hecho que algunas grandes logias gobiernen sobre los mismos territorios solapándose, incluso aunque pertenezcan a la misma corriente masónica. No obstante, cada una de las logias simbólicas está ligada (y sigue) a una única gran logia, de modo que en una zona dominada por dos o más grandes logias, ningún francmasón tenga duda alguna sobre la entidad a la que está vinculado.

Además, algunas regiones son tan extensas que es fácil que la gran logia no pueda acoger a todos sus miembros, y que no todos puedan desplazarse hasta ella para acudir a los trabajos. En esos casos, se establece una red intermedia de grandes logias provinciales (o de distrito). Como su nombre sugiere, éstas no son sino secciones menores de la gran logia encargadas de una parte (una provincia) del territorio de esta última. Allí donde existan grandes logias provinciales, las logias locales tratarán con ellas y éstas, a su vez, tratarán sus asuntos en la gran logia propiamente dicha. Para enmarañar aún más las cosas, a algunas grandes logias se las denomina «unidas». Esto suele suceder cuando dos o más grandes logias regionales que compiten entre sí dejan de lado sus diferencias y se unen en una única entidad; pero también puede indicar que una gran logia ha aprovechado la red de grandes logias provinciales subyacentes a ella para constituirse.

El poder soberano de una gran logia reside en ella misma. Tan sencillo como eso. No existen otras entidades o estructuras superiores. Una vez constituida, una gran logia es libre de actuar como desee. Por supuesto, en la práctica esto implica trabajar en pro de las necesidades generales de sus logias, ya que siempre existe el riesgo de que alguna logia se separe de su gran logia para unirse a otra (o incluso de que se una a otros grupos para constituir una nueva). Sin embargo, con independencia del derecho de sus miembros a votar, una gran logia no puede ser cuestionada por nadie. Tiene libertad para decidir qué formas del ritual estándar pueden seguir sus logias, alterar la estructura de las reuniones y, en general, realizar los ajustes que considere oportunos. Sobra decir que la mayoría de ellas es fiel a las normas y obediencias que ha heredado de sus logias fundadoras.

Además de establecer la política general a seguir en sus logias, las grandes logias desempeñan otras muchas funciones centrales. Cada logia dona anualmente una cantidad determinada de dinero a la gran logia en forma

Reunión de la Gran Logia Unida
de Inglaterra, con toda la
pompa y esplendor que cabe
esperar de la que es la gran
logia más antigua del mundo.
Aquí, el duque de Kent, el gran
maestro, saluda a los hermanos
masones al conmemorar
el 275.º aniversario de la logia.

de inscripciones y cuotas variadas como contribución para el material, los elementos de las iniciaciones, etc. El destino de ese dinero se decide en la asamblea general que la gran logia celebra anualmente mediante la votación de sus miembros. Suele asignarse al pago del personal contratado a tiempo completo en la administración central (personal de seguridad, recepcionistas, etc.), al pago de los servicios profesionales contratados (como abogados y contables), a la manutención de propiedades y museos o de otros proyectos que consten en los libros contables, así como a la organización de eventos sociales o a la elaboración de boletines informativos. Pero lo que cuenta con mayor presupuesto son las causas benéficas.

Partiendo del principio de que la caridad empieza por uno mismo (o sea, a nivel local), cada logia ofrece respaldo a las organizaciones benéficas de su zona. En la mayoría de las logias, eso se traduce en donaciones a

Esta litografía en color de la escuela francesa describe las creencias y deberes de los francmasones pertenecientes al Gran Oriente de Francia del siglo XVIII.

causas comprometidas con la mejora de la ciudad o el barrio en el que se encuentran. Otras logias no circunscritas geográficamente, como es el caso de las logias de veteranos, prestan su apoyo a causas relacionadas con sus propios intereses particulares. Así pues, las grandes logias aportan donaciones a causas regionales y nacionales. Ya hemos hablado de las cantidades de estos donativos, que suelen ser admirables. Muchas grandes logias también crean y administran organizaciones benéficas internas para ayudar a las viudas e hijos de antiguos masones y a los miembros que atraviesan una situación económica problemática. Estas organizaciones benéficas internas suelen tener escasas posibilidades, si bien uno de los principios fundamentales del Oficio universalmente aceptado establece que la francmasonería no deberá ser fuente o instrumento de provecho material para sus miembros.

Regularidad y obediencia de las logias

Otro hecho en el que no se suele reparar desde fuera del Oficio es que la francmasonería presenta numerosas formas. Los ritos y rituales de iniciación e instrucción han sido modificados a lo largo de los siglos, a medida que determinadas ideas filosóficas y espirituales ganaban aceptación y otras la perdían. Por ello existen numerosas variaciones de la masonería básica. Aunque la mayoría de ellas mantiene unas formas similares, hay variantes muy diferentes. Cada gran logia decide cuáles de esas variantes se pueden considerar pertenecientes a la francmasonería «real» y cuáles se alejan en exceso de ella como para ser verdaderas. Y lo mismo sucede con los asuntos importantes, como la definición de los *Landmarks* (e incluso si se proporciona o no una definición), los criterios de admisión de nuevos miembros, etc.

Esto a menudo conduce al controvertido asunto de la «regularidad». Para impedir que cualquier masón pudiera quedar en una posición vulnerable o expuesto a posibles engaños, los grupos masónicos iniciales decidieron permitir que sus miembros asistiesen a los encuentros de otras logias siempre que éstas hubieran sido reconocidas como «regulares». De ese modo, las grandes logias se aseguraban de que sus miembros no fuesen absorbidos por ningún culto pseudomasónico. El principio del reconocimiento fue rápidamente adoptado como un *Landmark* más.

Eso sí, con independencia de que una logia hubiese sido declarada regular o no, cada gran logia tomaba la decisión última según su propio juicio, al igual que hacía con todos los demás aspectos de la masonería. Existen unos criterios para determinar la regularidad, entre los que se incluyen la adherencia a los *Landmarks* y a las normas de las minutas relativas a la constitución inicial de la logia, los requisitos y deberes de los miembros, las ventajas de la membresía, etc. Evidentemente, no hay dos grandes logias que sigan exactamente los mismos criterios.

Existen notables diferencias en este sentido. Todo francmasón puede confraternizar (asociarse como masón) con cualquier masón vinculado a su misma gran logia. Para preservar los ideales masones de fraternidad, se permite a los miembros confraternizar con los miembros vinculados a cualquier otra gran logia regular. Aunque el ritual pueda presentar diferencias, está aceptado que los maestros masones participen en las reuniones de cualquier logia regular si han sido invitados a ello. Sin embargo, es una grave violación del protocolo tomar parte en los encuentros de una logia que haya sido declarada irregular y, de hecho, esto a menudo es motivo de expulsión por mala conducta.

Mientras que es poco probable que acudir a las logias de la zona acarree problemas, en el ámbito internacional esto cambia. En el extranjero, se recomienda asegurarse de que la gran logia local haya sido declarada regular en el país de origen antes de acudir a ella.

No es fácil averiguar si una logia es regular o no. No existe una visión común al respecto. Para certificar la regularidad de una gran logia, se lleva a cabo una profunda investigación de la misma que cada gran logia emprende autónomamente y con sus propios medios. En ocasiones, basta con que una sola logia local sea puesta en tela de juicio para declarar irregular a toda una gran logia. Depende de quienes realicen la investigación. Ciertas formas rituales pueden resultar aceptables para unas grandes logias e inaceptables para otras; lo mismo ocurre con las políticas de admisión o los precedentes históricos; y, en ocasiones, el criterio de descarte puede ser la muestra de inclinaciones políticas. No hay obligación por parte de una logia de reconocer automáticamente a una gran logia,

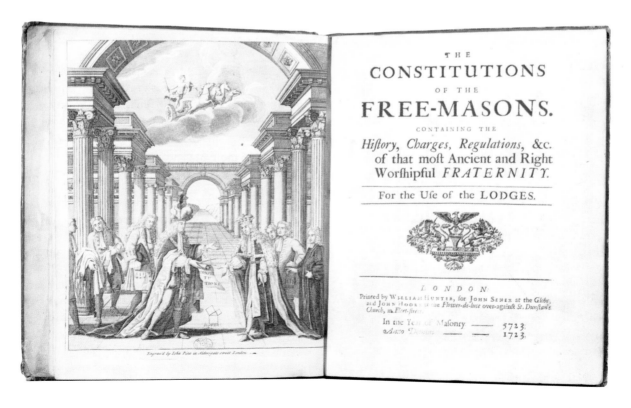

Las constituciones masónicas del doctor James Anderson se publicaron en Londres en 1723, y aportaron unas bases de unidad y forma que la francmasonería ha seguido desde entonces.

incluso aunque ésta sí le haya otorgado su reconocimiento a la primera.

Los aspectos históricos también pueden ser motivo de controversia. En ocasiones, se arrastran a lo largo de los años antiguos desaires y rivalidades que se convierten en la base de denegación del reconocimiento. Aunque también es posible que una gran logia acabe reconociendo por motivos de solidaridad local a otra con la que, en principio, presenta grandes incompatibilidades. Son habituales las situaciones en las que mientras A y B se reconocen entre sí al igual que lo hacen B y C, A y C se niegan el mutuo reconocimiento. Si los miembros de A y C visitan B simultáneamente pueden tener problemas de vuelta en casa. A pesar de esta posibilidad, las grandes logias a menudo aceptan establecer acuerdos de conveniencia con otras entidades, de modo que no es raro que D rechace otorgar su reconocimiento a B porque B reconoce a C.

Trazar un mapa mundial de logias regulares (esto es, reconocidas) es una tarea tan inmensa que se la considera imposible, más aún tratándose de un panorama de cambios continuos. La mayoría de las grandes logias se limita a mantener un listado de las demás grandes logias a las que considera regulares. Algunas incluso llevan un registro de las principales decisiones adoptadas en esas grandes logias regulares; pero casi ninguna malgasta el dinero en investigar a qué se dedican las instituciones irregulares y, por tanto, prohibidas.

El origen de la concepción errónea de que la francmasonería es un movimiento reservado a los hombres se encuentra en los procedimientos de visita a otras logias y en la regularidad. Es cierto que existen «jurisdicciones» (ámbito de influencia y actuación de una gran logia) exclusivas para hombres, pero también las hay exclusivas para mujeres y mixtas. Ya que el reconocimiento de una logia permite el acceso a los encuentros que ésta celebra, las grandes logias exclusivas de un sexo no reconocen a las del sexo contrario ni a las mixtas. Si lo hicieran, estarían violando el principio del género único, que se estableció originariamente para evitar posibles causas de división interna, al igual que la prohibición de polemizar sobre religión o política. La francmasonería no es más sexista de lo que lo es el sistema educativo, que también ofrece centros masculinos, femeninos y mixtos.

La conclusión equivocada de que sólo los hombres pueden ser francmasones no es sino el fruto de perezosos (o maliciosos) informes de algunos medios de comunicación que han confundido la política de una gran logia particular con la de toda la francmasonería. Es como si uno hiciese extensiva la estrategia del Cristo Olímpico de Palencia a la de todos los equipos de España. De hecho, la Gran Logia Unida de Inglaterra, a la que las grandes logias profesan un respeto no oficial por ser la más antigua de todas, ha declarado recientemente que las dos grandes logias femeninas existentes deben considerarse regulares en todos los sentidos excepto por el hecho de que admitan a mujeres. Una sentencia elogiosa en la medida en que se lo permiten sus estatutos.

Dos de los motivos más habituales para retirar el reconocimiento a una gran logia que, de otro modo, sería regular, son los conflictos territoriales y las rarezas o particularidades de su proceso de constitución. Aunque la totalidad de las grandes logias sigue con cuidado las normas de constitución, determinadas situaciones históricas han motivado la puesta en tela de juicio del origen de algunas grandes logias de larga tradición, al no quedar del todo claros algunos detalles.

Lo mismo ocurre con el territorio. Durante la expansión original de la francmasonería, las grandes logias fundaron nuevas logias fuera de su ámbito territorial tradicional. Normalmente, esto obedecía a la necesidad de atender a los expatriados y al personal militar mientras se encontrasen en el extranjero. En algunos territorios, muchas grandes logias nacionales diferentes establecieron redes de logias que competían con las logias locales. Casi todas esas situaciones se han resuelto hoy en día, pero aún existen algunas logias que responden ante grandes logias situadas en otros continentes o fronteras que presentan un extraño trazado.

Para aumentar la confusión territorial, no todos están de acuerdo sobre el modo en que deberían establecerse las fronteras. En ocasiones, allí donde dos estados colindantes se disputaban el territorio, las grandes logias de ambos lados lo reclamaban para sí. Si ninguna de las dos cedía, este desacuerdo territorial podía convertirse en criterio para que otros grupos considerasen a una de las partes, o incluso a ambas, irregulares. Para muchos, una gran logia que no cuente con una soberanía claramente definida sobre un territorio no ha sido constituida correctamente.

Cuando las grandes logias irregulares intentan convertirse en regulares, surgen cuestiones similares. Si una gran logia modifica uno de sus principios esenciales, es probable que unos la consideren irregular y otros

La historia de la actividad masónica de las mujeres se remonta, como mínimo, al siglo XVII, según algunos historiadores. Esta imagen es una representación de comienzos del siglo XIX de la ceremonia masónica de iniciación de una mujer francmasona.

regular. Por ejemplo, si una gran logia mixta se dividiese en dos organizaciones de un único sexo cada una, las demás organizaciones mixtas no la considerarían regular, mientras que algunas de género único podrían considerar regular a la sección que correspondiese a su género. Pero lo más probable es que la nueva formación vulnerase de algún modo el territorio de alguna otra gran logia. En un conflicto de este tipo, unas grandes logias pueden reconocer a la nueva, mientras que otras pueden mostrarse reticentes a hacerlo. Éste ha sido un asunto muy espinoso en el movimiento de la denominada francmasonería de Prince Hall, de la que hablaremos más adelante.

Variaciones de la francmasonería

Como cabría esperar en vista de la situación internacional de la francmasonería, existen numerosas variaciones dentro de ella. Algunas de ellas han surgido a raíz de malentendidos o cismas históricos, mientras que otras son innovaciones que, aunque en su momento encontraron una aceptación lo bastante fuerte como para crear una fundación operativa, no lograron convertirse en entidades únicas o independientes. Otros cambios son fruto de un intento por retomar las antiguas raíces.

Las divergencias suelen provenir de las particularidades de los rituales de la logia simbólica. La mayoría de las grandes logias posee listados de los rituales que admiten y los que no. Muy pocas admiten todos indiscriminadamente porque algunos de los más oscuros se desvían enormemente de la francmasonería regular. Es el caso del desacreditado rito de Swedenborg, que supone una excéntrica combinación del estilo masónico con las enseñanzas filosóficas de Emmanuel Swedenborg. Entre las variaciones más comunes se incluyen la de emulación, la de Taylor, la de York (que no debe confundirse con las entidades del mismo nombre), la de Sussex, la lógica, la universal, la del sur de Londres, la de Bristol, la de la zona oeste de Londres, la francesa, la moderna, la escocesa, la escocesa rectificada y la de Schroeder. Otras variaciones de dudosa reputación incluyen los ritos de Memphis y de Misraim (con hasta 95 grados diferentes), el rito antiguo y aceptado (con 90 grados), el rito hermético, el martinismo y el rito de Swedenborg.

Dejando de lado las diferencias en los rituales, las variaciones en las ceremonias comunes son tan sutiles que cualquiera que esté familiarizado con un rito no tendría mayores problemas con los demás; eso sí, es posible que acabaran aflorando diferencias ocasionales en cuanto a la terminología y la metodología empleadas. La mayoría de los masones conceden más importancia al tema de la jurisdicción y la regularidad, y es ahí donde los masones pueden encontrarse con graves problemas. Existen unas pocas «familias» jurisdiccionales (dos de ellas son mucho más grandes que las demás) y casi todas las grandes logias reconocen como regulares a los hermanos pertenecientes a las mismas y a unos pocos de fuera.

Masonería anglosajona y continental

La familia de instituciones masónicas más preponderante se denomina informal e internacionalmente «masonería anglosajona», porque sus reglas y constituciones proceden de la Gran Logia de Inglaterra. Ésta, que es la más antigua de todas las Grandes Logias, se fundó en 1717 (llamándose en un principio Gran Logia de Londres) cuando cuatro logias londinenses decidieron aunar fuerzas. Poco después, se erigió como entidad reguladora y se expandió rápidamente. En 1723, se publicaron las primeras constituciones de esta logia. A medida que el Imperio Británico crecía, la masonería se iba extendiendo con él por todo el mundo. Con el tiempo, las distintas naciones del imperio tuvieron el suficiente peso y entidad histórica como para independizarse y formar sus propias grandes logias soberanas. En Inglaterra, tras una época de escisión, con dos grandes logias rivales activas durante poco más de 60 años, ambas decidieron unirse en la que hoy en día es la Gran Logia Unida de Inglaterra, conocida por sus iniciales inglesas: UGLE. A pesar de las diferencias regionales y del orgullo nacional de las distintas organizaciones soberanas, la UGLE goza de respeto y estatus al ser la cuna del oficio masónico moderno, al menos en la rama anglosajona.

La otra gran familia de organizaciones masónicas es la denominada «masonería continental» y su jurisdicción se remonta al Gran Oriente de Francia, fundado en 1733. Éste mantuvo relaciones perfectamente regulares con la otra masonería hasta que, en 1868, el Gran Oriente, que

A pesar de las diferencias en ritos y rituales, casi todos los talleres de las logias masónicas siguen el mismo modelo, tal y como se muestra en esta imagen.

no admitía la doctrina de la soberanía territorial que tanto gustaba a la UGLE, reconoció a una segunda gran logia en Luisiana. La anterior Gran Logia de Luisiana se quejó con gran alboroto y, para el año 1876, casi todas las grandes logias angloparlantes habían reclasificado al Gran Oriente como irregular. En 1877, este grupo fue más allá en su ofensa a la masonería angloparlante y suprimió el requisito de creer en un ser supremo para pertenecer a él, consideró opcional la presencia de las sagradas escrituras en sus logias y permitió la asistencia de las mujeres a las tenidas. Como se puede imaginar, casi todas las demás grandes logias de lengua inglesa cortaron de inmediato sus lazos con este grupo.

Pero el Gran Oriente también tenía sus seguidores y continuó tratando sus asuntos como consideraba oportuno. Muchas de las grandes logias europeas y de los grandes orientes siguieron su ejemplo, de modo que se engloban en lo que actualmente se conoce como masonería continental. Esta rama dominaba en Europa y América Latina, mientras que la masonería anglosajona dominaba en los países de habla inglesa. Sin embargo, es un hecho conocido que la mayoría de territorios en los que hay una gran logia anglosajona también tienen asignada una gran logia continental y a la inversa.

El movimiento de Prince Hall

Aparte de las dos grandes familias mencionadas, también fueron surgiendo jurisdicciones menores fundamentadas en desacuerdos sobre los criterios de la política de admisión. El pastor Prince Hall era un afroamericano libre que, junto a otros 14 compañeros, se inició en 1775 en una logia militar destacada en Boston y sometida a la jurisdicción de la Gran Logia de Irlanda. Las logias militares son nómadas por naturaleza y, cuando la logia se trasladó como era de esperar, Hall y sus compañeros recibieron permiso para seguir reuniéndose en Boston, aunque no para celebrar iniciaciones.

En 1784, el grupo solicitó autorización para constituirse a la Gran Logia de Inglaterra y formó la Logia Africana 459. Sin embargo, en 1813 y tras la rectificación de la masonería inglesa, la UGLE formada de la unión de la Logia de York y la Logia de Londres cambió de dirección y retiró muchas de sus actividades internacionales.

Así, la Logia Africana 459 ya no pudo contactar con su gran logia y fue eliminada de los registros de la UGLE por impago de cuotas. Al no tener a nadie más a quien

Miembros afroamericanos de una gran logia estadounidense en una fotografía de grupo de finales del siglo XIX.

acudir, la Logia Africana optó por reconvertirse en la Gran Logia Africana 1 (no debe confundirse con las grandes logias de África). Debido al racismo, tan extendido en esa época, era muy difícil para los afroamericanos entrar en las logias dominadas por los blancos. De este modo, floreció el movimiento conocido como francmasonería de Prince Hall, que continúa siendo muy fuerte en la actualidad. Aunque regulares desde el punto de vista ritual, a las grandes logias de Prince Hall les está costando ser aceptadas como regulares.

Hay dos escollos que el movimiento de Prince Hall debe superar para ser reconocido y éstos no tienen que ver con el racismo (a excepción, quizá, de en algunos reductos muy intransigentes del sur de Estados Unidos). El primero de ellos es que no cabe duda de que la constitución de la Gran Logia Africana 1 fue irregular y, según el canon masónico, todas las demás grandes logias que hayan sido creadas por ésta lo son también; el segundo es que todas las grandes logias de Prince Hall vulneran el principio

de soberanía territorial de las antiguas grandes logias. No obstante, la francmasonería de Prince Hall surgió porque en aquella época no había otro sitio al que sus hermanos pudieran acudir. Poco a poco, las grandes logias de Prince Hall están ganando aceptación en la francmasonería anglosajona (la UGLE actualmente reconoce a algunas de ellas, aunque no a todas) y parece una simple cuestión de tiempo que alcancen su regularización total.

Masonería femenina

Cuando surgió la francmasonería en el siglo XVIII, sus miembros asumieron que las mujeres no tendrían interés alguno en ella. Existen algunos registros tempranos de logias regulares con miembros femeninos y una de las manifestaciones más antiguas de las ceremonias rituales incluye la expresión «él o ella» para designar al candidato. Pero en la mayoría de las ocasiones, las mujeres de aquellos tiempos estaban demasiado oprimidas como para ser

Mujeres masonas en el Caxton Hall de Londres en 1937. Las jurisdicciones femeninas son una parte esencial de la francmasonería.

tomadas en cuenta. El florecimiento real del sexismo en la sociedad llegó en el siglo XIX y, a medida que esa época se acercaba, el requisito de ser hombre para pertenecer a la francmasonería pasó a constituir un *Landmark* formal.

Cuando el Gran Oriente de Francia reorganizó sus estatutos en 1877, estableció para sus miembros que no había problema en separarse de la masonería «regular». Así surgieron dos jurisdicciones mixtas internacionales: El Derecho Humano y la Orden de Masonería Mixta Internacional, que continúan siendo operativas. El Gran Oriente y todas las grandes logias continentales a él afiliadas les otorgaron su reconocimiento, y también se lo concedieron a las grandes logias femeninas del país. Así mismo, se creó la Orden de las Tejedoras, independiente pero igualmente femenina, que también se encuentra presente en todo el mundo en la actualidad.

La francmasonería anglosajona sigue sin reconocer a las grandes logias femeninas o mixtas alegando que contravienen los estatutos. Norteamérica es el principal foco de resistencia a dar tal paso. Sin embargo, la UGLE reconoce abiertamente que las jurisdicciones femeninas y mixtas son parte integral de la francmasonería, si bien no bajo el estandarte de la UGLE. En marzo de 1999 la Gran Logia Unida de Inglaterra hizo público un anuncio declarando que la «francmasonería no está reservada a los hombres», aunque observó que «esta gran logia no admite a mujeres». Respecto a las dos grandes logias femeninas de Inglaterra, la Honorable Fraternidad de Antiguas Francmasonas —que se está internacionalizando, con logias en España y Gibraltar— y la Orden de Mujeres Francmasonas, así como respecto a la Gran Logia Mixta, la UGLE ha declarado que, exceptuando el hecho de que admitan a mujeres, por lo demás su práctica es totalmente regular. Una declaración que parece presagiar un próximo reconocimiento integral. Cabe destacar que, aunque los dos grupos femeninos y el único grupo mixto no se reconocen mutuamente debido a razones estatutarias, todos ellos se mantienen informalmente en contacto para tratar asuntos de interés común. Existen grandes logias femeninas en Europa, pero en Norteamérica aún encuentran resistencia. En lugar de unirse a una jurisdicción femenina (la Gran Logia Femenina de Bélgica cuenta con cuatro logias en Estados Unidos), las mujeres se suelen unir a la Orden de la Estrella de Oriente, que admite a mujeres emparentadas con algún masón.

Existen veintenas de grandes logias, reducidas y de estilo propio. Algunas parecen más bien movimientos de protesta contra la política concreta de una de las principales grandes logias y tienden a desaparecer pronto. Otras se dedican a actividades fraudulentas, convertidas en una especie de fábricas de grados que tan sólo pretenden exprimir el bolsillo de los aspirantes a masones. Por lo general, cuando una entidad supuestamente masónica no cuenta con el reconocimiento de alguna gran logia de la francmasonería anglosajona, la continental, la de Prince Hall, la mixta o la femenina, se debe tratar con precaución.

La masonería simbólica

La inmensa mayoría de la actividad masónica se puede encuadrar dentro de la francmasonería simbólica, o de otras como son la Logia Azul y la francmasonería del Oficio. Simplemente, las logias simbólicas representan lo que la gente suele imaginar cuando piensa en una logia masónica: un grupo localmente organizado, presidido por el venerable maestro y sus oficiales, que se encarga de la iniciación de nuevos miembros y debate asuntos locales e internos. Estas logias son mayoritarias dentro de la francmasonería y, para muchos miembros, representan el límite de sus intereses masónicos.

En la francmasonería simbólica existen tres grados: aprendiz aceptado (primer grado), compañero (segundo grado) y maestro masón (tercer grado). Si bien es cierto que hay otros grados de aprendizaje, éstos no suponen autoridad o superioridad alguna. Por supuesto, el venerable maestro de una logia representa la autoridad

Un grupo de maestros masones prepara el taller de su logia para la ceremonia de elevación al tercer grado de un candidato.

dentro de la misma y se le debe profesar el debido respeto pero sigue siendo un maestro masón, y cualquier maestro masón puede llegar a alcanzar esa posición. Uno de los *Landmarks* establece que todos los maestros masones son iguales, con independencia de los futuros procesos de instrucción que puedan emprender.

Los candidatos a masones inician su vida masónica como peticionarios; esto es, desde fuera de la organización. La primera experiencia que una persona vive en la francmasonería es la ceremonia de iniciación al grado de aprendiz aceptado. El ritual de dicho grado (y del que le sigue) adopta una imaginería basada en la vida de un obrero que trabaja en la construcción del templo del rey Salomón. El neófito aprende la importancia de edificar un buen carácter y de dominar sus emociones en favor de su moralidad. Se destaca la importancia de cumplir con las normas y obediencias. Una vez concluida la ceremonia, el aprendiz aceptado recibe autorización para participar

en las partes de las tenidas que no estén reservadas a otros grados superiores (específicamente, las ceremonias de iniciación al segundo y tercer grado, y los actos reservados exclusivamente a los maestros). Aunque hay variaciones, la mayoría de las logias considera que el aprendiz aceptado aún no es apto para tener voto en algunas de las decisiones de la logia o incluso en ninguna. Además, en muchas logias se espera que el miembro más reciente se ofrezca desinteresadamente como voluntario para realizar cualquier tarea que sea necesaria.

Cuando la logia considere que el aspirante está preparado y que ha demostrado que su interés es genuino y responsable, se celebrará la ceremonia de iniciación al segundo grado, por la que el aprendiz adquiere la categoría de compañero. Como si de un obrero cualificado se tratase, se le instruye simbólicamente en el uso de las herramientas que le permitirán comprender el mundo y el lugar que ocupa en él (los cinco sentidos, las órdenes

Un momento dramático de la ceremonia de tercer grado. Después del ritual, el candidato será un maestro masón hecho y derecho.

de la arquitectura, los principios de la geometría y las siete artes y ciencias liberales). De nuevo, los detalles pueden variar de una logia a otra pero, por lo general, un compañero únicamente deberá abandonar la sala durante las ceremonias de iniciación al tercer grado, tendrá derecho a voto en todos los asuntos de la logia y no se le encargarán recados. Transcurrido un tiempo, que depende totalmente del criterio de la logia, se celebrará la iniciación del compañero al tercer grado, el grado de maestro masón.

Un miembro que haya a alcanzado el «supremo y elevado» tercer grado de maestro masón, tendrá acceso a todos los actos de la sociedad. Este grado se basa en la leyenda del asesinato del principal arquitecto de Salomón durante la construcción del templo de Jerusalén, y enseña al candidato que no debe engañar, defraudar o juzgar injustamente a sus compañeros y que debe prestar su ayuda y asistencia. El templo está inacabado y corresponde al trabajo de toda una vida concluir su edificación dentro de uno mismo. Un maestro masón puede actuar como uno de los oficiales de la logia, puede visitar otras logias (reconocidas) siempre que lo inviten, puede participar en todos los actos de las logias de investigación e instrucción, y puede ampliar su aprendizaje y su instrucción uniéndose

Esta ilustración, de gran carga alegórica y simbólica, representa el interior de un taller perfecto, tal y como se debe construir en el alma de todo verdadero francmasón.

a una o varias de las entidades de enseñanza vinculadas. Ninguna de estas acciones es obligatoria (aunque sí se le anima a que participe) y su desempeño no comporta un ascenso de categoría. Hay muchos pasos que se pueden dar desde la posición de maestro masón, pero ninguno de ellos supone un cambio de jerarquía.

El taller de la logia
En el mundo anglófono, el término *logia* designa a las tenidas de los masones más que al lugar en el que se celebran; en español, este último se denomina indistintamente *taller* o *logia* y, en ocasiones, *templo*. Aquí adoptaremos el término taller. Los talleres abarcan distintos estilos, desde el minimalismo hasta la fastuosidad. Sin embargo, hay ciertos rasgos comunes. Todos los talleres deben estar orientados de este a oeste, con puertas cerradas con llave en el lado oeste y un asiento para el maestro de la logia situado en el este, en un plano más elevado que el resto. Deben contar con asientos o bancos para

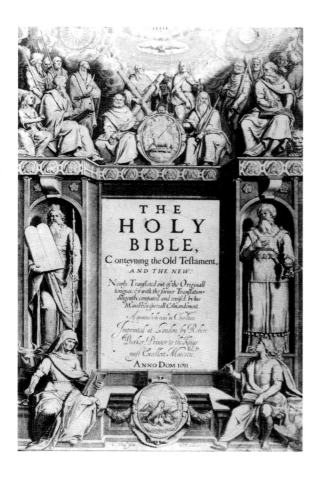

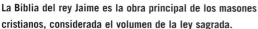
La Biblia del rey Jaime es la obra principal de los masones cristianos, considerada el volumen de la ley sagrada.

Este certificado de grado del siglo XVIII muestra la bandera pirata con la calavera, quizá como advertencia contra posibles ladrones.

los miembros en los muros del norte y el sur, divididos en grupos orientales y grupos occidentales. El primer vigilante y el segundo vigilante se sitúan en asientos colocados respectivamente al occidente y al sur.

El techo representa el firmamento y puede estar decorado con motivos solares; el suelo representa la tierra e incluye un pavimento mosaico de cuadros negros y blancos. En algún lugar debe estar visible un diseño conocido como «cuadro logial», con los principios de uno de los tres grados (se colocará el cuadro que corresponda, según el grado al que esté destinada la tenida). En la mayoría de los talleres, también suele exponerse (o se habrá guardado cuidadosamente en un lugar accesible) el certificado que otorga la gran logia autorizando su constitución. En las logias más antiguas, dicho certificado se considera motivo de orgullo.

Lo más importante de todo es que estén expuestos los «aditamentos» de la logia, sin los cuales no se puede celebrar ninguna tenida o reunión. Estos artículos vitales, esas tres grandes luces de la francmasonería, son: el libro de la ley sagrada por la que se rige la logia (conocido como volumen de la ley sagrada), la escuadra y el compás. Se dice que su luz ilumina a los tres oficiales primeros de la logia: el venerable maestro, el primer vigilante y el segundo vigilante. En los países cristianos, el volumen la ley sagrada suele ser la traducción de la Biblia del rey Jaime de Inglaterra. No obstante, puede ser igualmente la Torá, el Corán, los Vedas, los Zend Avesta u otra colección de escrituras sagradas que represente la religión de los miembros. Toda logia regularmente constituida suele incluir algunos objetos más de carácter simbólico y representativo, sobre los cuales hablaremos más adelante.

Los oficiales de la logia

Una logia se puede reunir con un mínimo de tres miembros para discutir sus asuntos, pero todas las ceremonias rituales e iniciáticas se deben celebrar en presencia de los siete oficiales de la logia (o sus representantes temporales). Además de estos siete cargos rituales, existen otras ocho (o más) posiciones que no suelen tomar parte en los rituales.

Las logias tienen prohibido celebrar iniciaciones si no están presentes al menos siete maestros masones y, si faltan los tres oficiales primeros, no se pueden llevar a cabo. Cada uno de estos oficiales tiene asignados unos deberes y unas obligaciones precisos y, para llegar a oficiar, es común que los miembros vayan pasado por los distintos cargos rituales, desde el de segundo vigilante hasta el de venerable maestro.

El retejador o guardatemplo exterior es la cara exterior de la logia. Su misión consiste en vigilar en el exterior, ante las puertas cerradas del taller, para mantener alejados a los curiosos, los intrusos y, por razones simbólicas, a los leones y otras bestias salvajes. Su símbolo es la espada y representa la vigilancia de todo masón contra las acciones o los pensamientos impropios. Entre sus deberes se incluyen los siguientes: mantener y preparar la parafernalia de la logia antes de las tenidas, ayudar al primer diácono para brindar una calurosa bienvenida a los visitantes, asegurarse de que todos los masones vayan correctamente ataviados, tomar nota de todos los asistentes al taller, vigilar en el exterior mientras se esté celebrando una tenida y, por último, recoger toda la parafernalia y ordenar cuando todo haya terminado. Como el guardatemplo exterior jamás asiste a las reuniones, es bastante habitual que las logias nombren para este puesto a algún voluntario experimentado de una logia diferente.

El guardatemplo interior es el equivalente al guardatemplo exterior, pero dentro del taller. Cuando el ritual exige que se compruebe si el guardatemplo exterior está fuera vigilando y manteniendo la guardia, es deber del guardatemplo interior comunicarse con él mediante una serie de golpes. También reúne a los candidatos a la iniciación cuando entran en la logia y los conduce ante el segundo diácono. Además, se supone que en el cargo de guardatemplo interior se adquieren numerosos conocimientos sobre los rituales de iniciación, de modo que sirve de preparación para otros cargos superiores.

El segundo diácono es el mensajero del primer vigilante. También se asegura de que, una vez iniciada una sesión, nadie entre o salga del taller sin el permiso del venerable maestro o del primer vigilante. El segundo diácono debe ayudar a los candidatos a prepararse para la iniciación y aprender cuáles son las tareas del primer decano en las ceremonias para poder suplirlo en caso necesario. Además, se espera que estudie con detalle las constituciones y el reglamento de la logia.

El primer diácono es el mensajero del venerable maestro. Debe acoger a los masones que visiten la logia y presentarlos a los demás miembros, asegurándose de romper el hielo. También es el encargado de preparar las urnas en caso de que haya una votación. Desempeña un papel bastante activo en las iniciaciones, ya que guía a los candidatos por el taller durante la ceremonia, refresca la memoria de los candidatos en caso necesario y realiza las lecturas oportunas en determinados momentos de los rituales. Se espera que el primer diácono también disponga de tiempo para acudir a una o varias «logias de instrucción» durante su servicio y que aprenda el papel que desempeña el venerable maestro durante la ceremonia de iniciación del primer grado.

El segundo vigilante se encarga de coordinar las actividades de la logia. Como tercer oficial dentro de la jerarquía, dispone de más tiempo que el primer vigilante o el venerable maestro, de modo que es a quien acuden los miembros si necesitan ayuda. Debe adoptar el papel de maestro si, por algún motivo, están ausentes el venerable maestro y el primer vigilante y, por ende, debe conocer los rituales de las actividades de la logia. Entre éstas se incluyen la apertura y el cierre de los trabajos, la concesión de iniciaciones y el desempeño de otras actividades regulares. También debe ayudar al primer vigilante en cualquier tarea especial y prestar su ayuda en otros aspectos como, por ejemplo, supervisar el taller y ultimar los detalles para las visitas procedentes de otras logias locales o las que se efectúen a ellas.

El primer vigilante es el ayudante principal del venerable maestro en lo que al gobierno de la logia respecta. En muchas logias, es costumbre que los oficiales roten cada año en los cargos ascendiendo al cargo inmediatamente superior. Así, el primer vigilante tiene un año para aprender todo lo que necesita para ser el maestro. Debe estar preparado para sustituir al venerable maestro cuando sea necesario en cualquier tarea, desde la concesión de grados hasta el cierre de la logia. Igualmente, debe estar al tanto de las actividades de las comisiones (en caso de haber alguna), de la situación de los aspirantes a miembros y los aspirantes a oficiales, de las finanzas de la logia y de los detalles sobre procedimientos, jurisdicción, etc. Se trata de un cargo de responsabilidad que requiere un aprendizaje considerable por parte del primer vigilante si éste desea desempeñar correctamente su función como venerable maestro al año siguiente.

El padre fundador y presidente de Estados Unidos, George Washington, era un ferviente masón, tal y como se observa en la presente ilustración, donde aparece en el momento de ser condecorado como venerable maestro de su logia.

Un venerable maestro de una logia masónica en la India continental, con el collarín masónico lleno de medallas e insignias de rango.

El venerable maestro ocupa el más elevado de los cargos de oficial y se dedica a mantener el orden en la logia. Además de tener un papel destacado en las ceremonias de iniciación (para las que debe memorizar largos textos), el maestro también preside la logia, mantiene la armonía, modera los posibles debates y abre y cierra los trabajos de manera adecuada. También elige a los oficiales de la logia para el año próximo (o dirige la votación en caso de que sean elegidos por la logia), aprueba las actividades económicas, actúa de enlace con la gran logia en representación de la suya y mantiene el contacto con todos los miembros, entre muchas otras tareas.

El cargo de segundo administrador recae en el más joven de los oficiales no ceremoniales y es el de menor responsabilidad. Tal y como sugiere el calificativo de «no ceremonial», los administradores no participan en los aspectos rituales de la logia. Su labor se centra más bien en ayudar antes y después de las tenidas. Su trabajo específico consiste en ayudar al primer administrador cuando la logia hace una pausa para comer, ayudando a los posibles masones que estén de visita en ella en cualquier cosa que puedan necesitar y ayudando al retejador a preparar a los nuevos candidatos. Pero, sobre todo, el segundo administrador debe demostrar que está preparado para ocupar un cargo mayor prestando con gusto su ayuda, asistiendo a los actos puntual y regularmente, mostrando su entusiasmo y su deseo por aprender (en especial los rituales de los tres grados). En las logias grandes, este cargo puede tener asignado a un segundo administrador adjunto como asistente.

El primer administrador intenta ayudar en general a los demás oficiales de la logia en el cumplimiento de sus deberes (tanto en el periodo comprendido entre una tenida y otra como durante las mismas). En una logia en plena actividad, el primer administrador puede tener muchas cosas que hacer en el desempeño de su cargo. Durante las tenidas de la logia, además de asegurarse de que todo funcione correctamente y de que todos los visitantes estén colocados a gusto, el primer administrador debe asegurarse de que las mesas del comedor estén correctamente dispuestas y cuenten con todo lo necesario para el ágape. Igualmente, debe velar para que todos los miembros tengan todo aquello que necesiten.

El capellán debe cuidar del volumen de la ley sagrada. Además de garantizar el buen estado de este libro, su deber principal consiste en abrir y cerrar todas las tenidas

Se cree que este emblema, considerado una joya, lo llevó un masón en una asamblea de la Gran Logia de Administradores.

recitando una oración religiosa universal en consonancia con la práctica masónica regular. También debe aprenderse todas las lecturas bíblicas asociadas a cada grado para poder recitarlas en el momento oportuno. Por último, tiene obligación de asistir a todos los servicios funerarios masónicos y recitar las oraciones en ellos.

El limosnero debe asegurarse de que la logia mantenga el contacto con todos sus miembros. Es el oficial que sirve como enlace entre los miembros activos y aquellos masones que, por causa de enfermedades, infortunios u otras circunstancias adversas, no pueden asistir a las tenidas; también es el primer contacto para cualquier miembro que atraviese una situación angustiosa y necesite guía, apoyo moral o ayuda material. Asimismo, mantiene el contacto con las viudas de los antiguos miembros. Debe informar a la logia de la situación de los miembros enfermos o necesitados y disponer cualquier acción que considere oportuna para ayudarlos. Si se opta por recurrir a la asistencia benéfica, el limosnero se encargará de las relaciones con las organizaciones benéficas adecuadas.

El hospitalario, por contra, se encarga de supervisar las actividades benéficas de la logia. Además de las colectas habituales que se realizan durante las tenidas, el hospitalario organiza otros programas y campañas, pone en conocimiento de los miembros los eventos oportunos e incluso, si hay tiempo para ello y la logia está de acuerdo, organiza eventos externos. También se mantiene en contacto con las distintas organizaciones benéficas con las que la logia colabora directamente y, aunque todos los fondos suelen pasan por la secretaría y la tesorería, el hospitalario es quien decide qué sumas se asignan a qué causas.

El tesorero desempeña la función típica de «banquero» de la logia. Por ese motivo, es importante que posea conocimientos de buena práctica financiera, pudiendo resultar muy ventajosa la experiencia contable. Su deber es recaudar el dinero de la secretaría para invertirlo en fines adecuados al deseo de la logia, efectuar el pago de fondos cuando así lo ordene el venerable maestro con el consentimiento de la logia, elaborar informes de cuentas periódicos y llevar un registro exacto y escrupuloso de todos los movimientos y transacciones financieros.

El maestro pasado inmediato es, tal y como su nombre indica, la persona que ocupaba el cargo de venerable maestro antes del actual titular del mismo. Su labor consiste simplemente en aconsejar al venerable maestro actual y, en caso necesario, proporcionarle cualquier otro tipo de guía o ayuda que éste solicite. El MPI, como se le suele denominar, no puede sustituir al venerable maestro si éste está ausente, ya que ese derecho únicamente corresponde a los vigilantes primero y segundo. Si no están presentes esos tres cargos, la logia no puede reunirse.

El cargo de secretario comporta una variedad de importantes labores administrativas y requiere de un alto grado de confianza y responsabilidad. Como administrador de los asuntos de la logia, el secretario debe levantar actas de todos los procedimientos de la misma, mantener un registro de sus miembros, elaborar informes periódicos para la logia y para la gran logia, distribuir información cuando así se requiera, etc. El secretario debe llegar pronto a las tenidas para tener tiempo de prepararlo todo.

También es el primer punto de contacto en las comunicaciones que llegan a la logia o salen de ella, de modo que debe estar en disposición de actuar como embajador de la misma, con todo lo que eso implica. Además de archivar ordenada y correctamente todos los documentos, informes, justificantes y recibos de la logia, el secretario se encarga de cobrar las cuotas y demás sumas que se paguen a la misma, de pasárselas a la tesorería y de extender los recibos correspondientes. Además, si se considera adecuado, puede solicitar la ayuda de los administradores.

El director de ceremonias es el ayudante adjunto del venerable maestro y está exento de determinados protocolos de la logia, incluso durante los rituales. Su misión consiste en asegurarse de que la actividad de la logia se desarrolle según los preceptos y de que los rituales se celebren correctamente. Se trata de una tarea muy exigente, ya que el director de ceremonias no sólo debe memorizar perfectamente cada aspecto (físico y verbal) de todos los rituales, iniciaciones y lecturas, sino que también debe ser experto en los actos de respeto y honra que correspondan a los miembros y visitantes en función de su experiencia y del papel que desempeñen dentro de una gran logia. Es habitual que las logias reciban la visita de oficiales de la gran logia debidamente designados y a los cuales se debe prestar el debido respeto. Las cosas se pueden complicar rápidamente, de modo que el director de ceremonias debe conocer a fondo las cuestiones de etiqueta y jurisprudencia de la gran logia. Es el único responsable de que la logia esté preparada antes de las tenidas, de que se asigne a los visitantes el lugar que corresponda a su estatus, de que los oficiales ceremoniales de la logia se encuentren en la posición adecuada en el momento adecuado y de que los rituales transcurran sin problemas. Si detecta algún error u omisión, o si observa que algún miembro tiene problemas con los versos memorizados, debe entrar discreta y diplomáticamente en acción para corregir la situación. El director de ceremonias se considera la voz del venerable maestro y debe ser obedecido de inmediato; no obstante, este cargo requiere más dignidad que arrogancia, y resultaría desastroso que un director de ceremonias intentase gobernar la logia. Se trata de uno de los cargos más exigentes y, generalmente, recae sobre uno de los maestros pasados más experimentados (un antiguo venerable maestro) o sobre un miembro de memoria excepcional, en caso de que lo hubiera.

Enfoques posteriores

Además de avanzar pasando por los distintos cargos de oficial, los maestros masones tienen libertad para unirse a una de las entidades vinculadas o a cualquier otro grupo asociado a su logia. Todos ellos están pensados para que el maestro masón siga desarrollándose y progresando moralmente, aunque sin pretender sustituir de ningún modo la esencia del trabajo de la logia. Las opciones son numerosas, dependiendo siempre del territorio en que se encuentre el maestro. Las entidades vinculadas más importantes son las que practican el rito escocés y el rito de York, dos sistemas casi paralelos que ofrecen nuevas posibilidades de aprendizaje y desarrollo. Aunque estos dos ritos confieren más grados aparte de los simbólicos (que se distinguen con valores numéricos ascendentes), ambos coinciden en afirmar que el tercer grado de la masonería simbólica es el grado más elevado al que cualquier masón puede aspirar.

El rito de York

Además de un marco para el posterior desarrollo moral o espiritual de los maestros masones tras alcanzar el tercer grado de la masonería de la Logia Azul, el rito de York también ofrece una ampliación de la base histórica y mítica

Templer.

de la francmasonería, tratando de conceder un mayor sentido al Oficio. Aunque no es una religión, desarrolla temas basados en las cruzadas medievales y una parte de sus acciones tiene un tono específicamente cristiano.

Generalmente, dentro del rito de York se distinguen cuatro entidades independientes que, a su vez, pueden conferir dentro de sí otros diez grados adicionales después del de maestro masón. Todas ellas tienen en común los tres primeros grados simbólicos tradicionales y son: la Logia Simbólica (también llamada del Oficio o Azul), el Capítulo del Arco Real Sagrado (también denominado rito capitular o capítulo, que es como se designa a las reuniones de masones o compañeros del Arco Real), el Consejo de Maestros Reales y Elegidos (también conocido como masonería críptica) y la Comandancia de Caballeros Templarios. Cada entidad ofrece numerosas oportunidades para aprender los rituales mientras se es oficial, lo cual sirve para pasar a los otros grados. En el rito de York, la mayoría de los rituales los ejecutan oficiales que interpretan diferentes papeles, ataviados con una toga y caracterizados para dar mayor énfasis a las lecturas que utilizan.

Hay pruebas fehacientes que sugieren que el grado de masón del Arco Real, último grado capitular, era al mismo tiempo parte integrante del tercer grado. La verdad es que, tal y como los conocemos, la historia que se ofrece en los tres primeros grados parece estar incompleta, de modo que el largo camino de los grados del capítulo (y en especial el último) sólo pretende concluirla.

La referencia escrita más antigua a la francmasonería se encuentra en el denominado *Poema Regio,* que data de 1939. Contiene casi 800 versos y trata una serie de asuntos masónicos referidos a los últimos años del siglo X. Además de las obediencias y proscripciones éticas, también narra la leyenda de la ciudad de York, de la que el rito toma el nombre. Como sabemos, Athelstan fue rey de Inglaterra desde 924 hasta 940 d. C. Este nieto de Alfredo el Grande (quien, por cierto, nunca quemó torta alguna) es considerado el primer rey de toda Inglaterra.

Según la leyenda del *Poema Regio,* Athelstan era un patrocinador entusiasta de la construcción y ordenó erigir numerosos castillos, fuertes y monasterios. Era un

Los relatos sobre los caballeros templarios fueron una fuente de inspiración para los fundadores de la francmasonería moderna.

El rey Athelstan presenta su constitución a la Primera Gran Logia de Masones en el año 926 d. C.

estudioso de la geometría y las artes liberales y, para mantener el orden, elaboró una constitución de los constructores que establecía que podían mantener una reunión al año en York. Al parecer, designó gran maestro a su hermano, Edwin, y se cree que el primer encuentro de una gran logia de masones tuvo lugar en el año 926. En dicho encuentro, se redactaron constituciones en muchas lenguas antiguas, incluyendo el griego, el latín y el hebreo. Sigue siendo discutible si el poema relata hechos reales o no, pero es interesante ver que tales conceptos se remontan al año 1390, si no a fechas anteriores.

No cabe duda de que las órdenes y grados del rito de York van mucho más allá que el *Poema Regio* y de que han ido creciendo en los distintos territorios con el paso del tiempo. El grado capitular de maestro masón de marca está inspirado en las prácticas de los francmasones que operaban en Alemania, según las cuales cada constructor debía tener su propia marca identificativa y que, al parecer, se inventó en Escocia en 1676. Por contra, el grado capitular de muy excelente maestro es una

innovación americana creada algo más de un siglo después. Sin embargo, en la época de reforma de la francmasonería en Inglaterra en 1813, el rito de York estaba ya completo y el Arco Real, aunque era reconocido como parte integrante de los tres grados, se mantenía como independiente:

> *La masonería antigua pura debe estar compuesta de tres grados y no más; es decir: aprendiz aceptado, compañero masón y maestro masón, incluyendo la Orden Suprema del Arco Real Sagrado.*
> Gran Logia Unida de Inglaterra, 1813

Después de la masonería simbólica, la segunda entidad destacable dentro del rito de York es la masonería del Arco Real, gobernada por supremos grandes capítulos que, territorialmente, equivalen a las grandes logias a las que están vinculados. Las asambleas se celebran en capítulos locales, estando cada uno de ellos tradicionalmente asociado a la logia simbólica de la que procede. Sus grados invitan al candidato a plantearse su relación con

la divinidad y sus ceremonias cuentan entre las más hermosas y profundas de toda la francmasonería. Como ocurre en casi todos los territorios que practican el rito escocés, el primer grado que otorga el Arco Real ocupa el orden cuarto tras los tres primeros grados simbólicos aunque, una vez más, cabe destacar que ninguno de los grados del rito de York se considera superior al tercer grado de la masonería simbólica.

Así pues, el primero de los grados capitulares es el cuarto grado de maestro masón de marca. Ya en el siglo X, los masones operativos o, dicho de otro modo, los constructores y canteros profesionales, tallaban unos símbolos unívocos en su obra para que sus compañeros pudieran identificar sus edificios; se trata de uno de los grados de mayor pedigrí de la francmasonería. Relacionado con el grado de compañero, este grado enseña que, aun a riesgo de ser malinterpretados e infravalorados, debemos ser fieles a nosotros mismos, cumplir con nuestros deberes y tener el suficiente valor como para defender aquello que creemos correcto. La verdad saldrá a la luz si mantenemos la fe en el ser supremo. Este grado utiliza los rituales de un simple obrero trabajando en las canteras del templo.

Este mandil masónico del rito escocés contiene una imaginería altamente simbólica. Los pilares, por ejemplo, representan las columnas del exterior del templo del rey Salomón.

Algunas jurisdicciones no confieren el grado de maestro masón de marca. Normalmente, para ser admitido en estas áreas (tradicionalmente concentradas en las Islas Británicas y, por razones históricas, en Ghana) es requisito que el candidato sea previamente un maestro masón de marca. Para poder cumplirlo, existe una entidad independiente en el rito de York, llamada maestros masones de marca, gestionada a escala internacional por la Gran Logia de Maestros Masones de Marca de Inglaterra y Gales, y por sus distritos y logias en el extranjero. Esta organización celebra sus encuentros en las logias y sirve de puente entre la masonería simbólica y la masonería capitular. Por si todo esto fuese poco complicado, algunas logias sometidas a la jurisdicción de la Gran Logia Unida de Inglaterra cuentan con una dispensa especial para conferir el grado de maestro masón de marca como tercer grado de la masonería simbólica, saltándose el requisito de que sus miembros lo adquieran aparte.

The Temple of Solomon.

El quinto grado es el de maestro pasado virtual y fue creado como una especie de solución provisional al requisito original de que sólo un maestro masón que hubiera ocupado el cargo de venerable maestro de su logia podría optar al Arco Real Sagrado. Al añadir este grado, todos los maestros masones podían participar en el capítulo y recibir las enseñanzas pertinentes (es decir, que antes de poder ordenar se debe aprender a obedecer y que previamente a gobernar a los demás, uno debe saber gobernarse a sí mismo). Este grado no supone el mismo estatus que el de un maestro pasado real, por supuesto; sólo prepara al masón para el Arco Real. Sus enseñanzas también refuerzan la obligación de los miembros del capítulo (denominados *compañeros*) de iluminar con sus conocimientos y explicaciones a otros miembros menos versados que ellos.

La figura de muy excelente maestro, el sexto grado, es una innovación estadounidense de finales del siglo XVIII. La ceremonia de este grado es generalmente reconocida como la más llena de colorido y la más espectacular de toda la francmasonería, siendo el único grado que toma símbolos basados en la terminación del templo de

Durante siglos, se ha especulado sobre las criptas situadas bajo el templo del rey Salomón y sobre las maravillas que podrían contener.

Salomón. Mientras que los demás grados destacan la necesidad de esforzarse por terminar la obra de la construcción del templo (o por buscar la perfección personal) dentro de uno mismo, este grado supone una visión de futuro del potencial que eso encierra.

El séptimo y último de los grados capitulares, el Arco Real, se considera la culminación de los grados simbólicos, el «cuerpo y alma» de la masonería. Su simbología se basa en el descubrimiento de una cripta bajo las ruinas del templo y el redescubrimiento de sus más grandes secretos. Su ritual es el más elegante y hermoso de todos los rituales masónicos y relata la historia de algunas de las épocas más oscuras de la historia de los judíos (la esclavización de los judíos en Babilonia tras la destrucción de Jerusalén y del templo). Su punto álgido es el descubrimiento de la palabra masónica. Este grado enseña que incluso en la más profunda oscuridad existe luz, que el triunfo del mal es temporal y que quienes tengan fe jamás estarán solos.

La tercera entidad dentro del rito de York es el Consejo de Maestros Reales y Elegidos. Se conoce también como masonería críptica debido al énfasis que su ritual concede a los contenidos de la mítica cripta aparecida bajo las ruinas del templo. Su nombre obedece a ese motivo y no a que el consejo sea desconcertante o misterioso. A veces, los grados del consejo se conocen como grados de preservación o, de manera cariñosa, «las tres pequeñas joyas».

La historia de los grados del consejo es compleja y oscura y, aunque ha sido muy debatida, se cree que pudieron originarse en Francia de la mano de los exiliados jacobitas escoceses. En un principio, podrían haber formado parte del material de lo que después sería el rito escocés pero, en ese caso, debieron de quedarse a medio camino antes de convertirse en una entidad independiente bajo la bandera colectiva del rito de York. Así como los grados simbólicos representan la búsqueda de la palabra y los grados capitulares su descubrimiento, los grados del consejo representan su significación. Para aspirar al consejo hay que ser previamente masón del Arco Real.

El primer grado del consejo es el de maestro real, cuya imaginería simbólica se basa en un compañero que persigue un mayor conocimiento (iluminación). Sus padecimientos se recompensan con la revelación de secretos desconocidos para la mayoría de sus compañeros; esto simboliza el hecho de que, a pesar de las dificultades que la vida les depare, los creyentes acabarán siendo recompensados. Una vez encauzados en el camino correcto, no es posible apartarse de él. Las extraordinarias verdades divinas requieren un grado de espiritualidad personal muy elevado para poder comprenderlas y para percibirlas. Tras conseguir la recompensa que ha estado buscando, se ordena al candidato continuar avanzando hasta lograr la perfección; el candidato tan sólo podrá poseer aquello que le sea entregado.

El paso siguiente es el de maestro elegido. Sus rituales explican cómo se han preservado los secretos descubiertos en el grado de Arco Real y enseñan al aspirante la necesidad de vigilar en los asuntos de la vida y el mundo para evitar apartarse del camino de la rectitud. Sólo quienes mantienen la guardia tendrán posibilidades de éxito. Pero lo más importante es la consideración de que la obra masónica representa una alegoría de la búsqueda de la verdad por parte del alma. La obra masónica es la dedicación a dicha búsqueda y la terminación de la obra será la recompensa. El primer templo, condenado a la destrucción, representa las etapas tempranas de nuestra existencia; el segundo templo, construido sobre los cimientos del anterior, representa nuestra existencia en etapas posteriores. Sólo esforzándonos por lograr la perfección de nuestro templo interior antes de su inevitable destrucción tendremos posibilidades de ver nuestro propio segundo templo perfeccionado.

El último grado del consejo es el de súper excelente maestro. A diferencia de los otros, no adopta la mítica simbología de la cripta sino que se fija en los errores y las debilidades que llevaron a la perdición al sucesor de Salomón y desembocaron en la destrucción de Jerusalén. Enseña que los infieles serán absorbidos por la catástrofe, sean de la condición que sean (sin fidelidad es imposible lograr el triunfo). Así pues, sus aspirantes deberán caminar en la fe, ser justos y consecuentes, y fomentar la amistad.

La última sección del rito de York es la Comandancia de Caballeros Templarios. Es la única entidad dentro de las reconocidas en la masonería cuyos rituales poseen unas connotaciones específicamente religiosas. Consecuentemente, sólo pueden pertenecer a ella quienes crean en la doctrina cristiana de la Trinidad: unión de Padre, Hijo y Espíritu Santo en una sola esencia.

La comandancia consta de tres órdenes que toman sus nombres de las órdenes históricas de la caballería activa en Tierra Santa. Por este motivo, hay quienes la denominan *masonería caballeresca*. Las comandancias están gobernadas por un eminente comendador y son supervisadas por el Gran Campamento de Caballeros Templarios, que es su cuerpo soberano y regidor a escala nacional. No hay que confundirla con la orden histórica del Temple. Esta última aún existe y afirma haberse transmitido de manera ininterrumpida en Escocia desde que fuera abolida en Francia en 1312. La orden sigue activa en la actualidad y continúa su expansión. Y si existe algún secreto templario, pertenece a los templarios originales y no a la comandancia.

La primera orden dentro de la comandancia es la Ilustre Orden de la Cruz Roja. Su ceremonia pone de relieve la importancia de la verdad, la honradez y el cumplimiento de las promesas. Este ritual se divide en dos secciones. La primera se centra en la entrada del príncipe Zorobabel en el Consejo Judío de Jerusalén. Zorobabel deseaba obtener autoridad para visitar Babilonia y que el rey Darío le permitiera emplear fuerzas defensivas en la reconstrucción del templo de Salomón. En la segunda

El príncipe Zorobabel (en la imagen,
con túnica roja) fue en gran parte
responsable de la reconstrucción
histórica del templo del rey
Salomón.

sección, Zorobabel es liberado tras un periodo de cautividad, se acerca a la corte de Darío y toma parte en una contienda amistosa en la que vence.

La segunda orden de la comandancia es, en realidad, una combinación de dos órdenes: la Travesía del Mediterráneo (conocida también como la Orden de San Pablo) y la Orden de Malta. Las lecciones de esta orden se centran en las ocho bienaventuranzas, representadas en las ocho puntas de la Cruz de Malta, que simbolizan las ocho lenguas que hablaban los miembros históricos de los caballeros templarios en tiempos pasados. La ceremonia toma su simbología de la figura de un caballero a punto de emprender una cruzada que es socorrido de un naufragio en la isla de Malta, donde recibe alimentos para el cuerpo y el espíritu que le sirvan de preparación para las pruebas que deberá superar en su viaje.

Con la Valerosa y Magnánima Orden del Temple se completan la comandancia y el rito de York. Esta orden pone a prueba la fe, los deberes, el entusiasmo y la humildad, y ofrece enseñanzas sobre dichos aspectos; además, recuerda a los aspirantes su obligación de ayudar incansablemente a sus compañeros. Su ceremonia

Entre 1680 y 1690, el italiano Gregorio Caraffa fue gran maestro de los caballeros de la Orden Militar de San Juan en Malta.

pretende recrear el camino a recorrer por un caballero joven para lograr su admisión en la Orden Templaria, incluyendo los años de peregrinaje y penitencia, y los servicios caballerescos que debe prestar. Sus enseñanzas incluyen hermosas rememoraciones simbólicas de la muerte y ascensión de Cristo. Aunque la comandancia supone el límite de la masonería del rito de York, existe otro grupo de entidades vinculadas cuyos miembros son masones que siguen el rito de York. Aunque no podamos extendernos, sí es importante mencionarlas.

La Orden Masónica y Militar de la Cruz Roja de Constantino, cuyas reuniones se denominan *cónclaves,* está gobernada por consejos imperiales unidos de carácter nacional. Sólo se puede entrar previa invitación, restringida a sus miembros, conocidos como caballeros. Dentro del rito de York, la pertenencia a esta orden se considera uno de los mayores honores y sus miembros deben haber demostrado un alto grado de dedicación y rendimiento. Los aspirantes, que han de ser caballeros templarios reconocidos, deben ser propuestos por un miembro y elegidos mediante votación unánime. Probablemente, esta orden del rito de York sea la que más se acerque al trigésimo tercer grado del rito Escocés. Cuenta con tres grados: caballero, sacerdote masón y príncipe masón. La orden histórica fue fundada por Constantino el Grande en el año 312 d. C. Aunque no se ha establecido ningún lazo con el grupo tradicional, la Orden de la Cruz Roja de Constantino basa su simbología en los principios de la orden histórica.

Los caballeros de la Cruz de Honor de York están gobernados por una única entidad denominada Comunidad General de los Caballeros de la Cruz de Honor de York. Para acceder a esta orden, hay que ser un miembro dedicado y haber servido como venerable maestro de una logia simbólica, sumo sacerdote de un capítulo del Arco Real Sagrado, ilustre maestro de un consejo de Maestros Reales y Elegidos del rito críptico, y eminente comendador de una comandancia de caballeros templarios. Los aspirantes que reúnan ese requisito deberán tener el patrocinio de un miembro y ser elegidos por votación unánime. Para ser honrado con la Gran Cruz de los caballeros de la Cruz de Honor de York, es necesario convertirse en el sumo oficial de cualquiera de las cuatro entidades en el rito de York. Estos caballeros son conocidos por su apoyo a la investigación contra la leucemia.

Santa Elena, madre de Constantino,
con la cruz roja que después
tomaría el nombre de su hijo.

Noé y su familia se aplican
a fondo en la construcción
del Arca. Los marinos del Arca
celebran su visión, piedad
y prudencia.

Para acceder a la organización de los Sacerdotes Caballeros Templarios del Arco Real Sagrado también se necesita invitación. Los maestros pasados de una logia Azul que también estén adheridos a un capítulo del Arco Real y a una comandancia templaria podrán recibir una invitación para unirse a un tabernáculo. Generalmente, para invitar a alguien basta con que haya realizado un excelente trabajo como primer oficial de una logia o en un puesto equivalente. La soberanía de este grupo recae en dos Grandes Colegios: el original, en York (Inglaterra), y el Colegio de Estados Unidos, que data de 1931.

La Sagrada Orden del Gran Sumo Sacerdote se reúne en tabernáculos y sus órganos regidores son los grandes consejos. Los aspirantes a entrar en ella como excelentes compañeros deben ser activos sumos sacerdotes en un capítulo del Arco Real. La ceremonia de esta orden se remonta a los tiempos de la bendición de Melquisedec a Abraham mediante la consagración de Aarón, el Levita, como primer sumo sacerdote judío. Los iniciados de la Sagrada Orden aprenden cuáles son sus responsabilidades y obligaciones en calidad de francmasones y como personas, y que el único modo de cumplir con ellas es servir con dedicación al ser supremo y a la sociedad.

La Orden de los Grados Masónicos Aliados se remonta a 1880. Su gran consejo original se encuentra en el Mark Mason's Hall, el mismo edificio que alberga a la Gran Logia de Maestros Masones de Marca. También hay un gran consejo en Estados Unidos. Los miembros de la Orden tienen que ser maestros masones de Marca y compañeros del Arco Real. Desde 1931, año en que se estabilizaron los grados que están bajo su control, la Orden confiere cinco grados masónicos. El primero es el de San Lorenzo Mártir, que enseña fortaleza. Después, los miembros son libres de tomar los otros cuatro grados en el orden que consideren apropiado; son los siguientes: caballeros de Constantinopla (que enseña humildad), la Cruz Roja de Babilonia (que ahonda en la vida de Zorobabel), los grandes retejadores de Salomón (que advierte frente a la falta de cautela y los juicios precipitados) y el gran sumo sacerdote (que se centra en la consagración de Aarón). Con un crecimiento del 60 % en el número de consejos existentes en los últimos 20 años, probablemente esta orden sea la de mayor expansión dentro de la francmasonería actual.

La última, aunque no por ello menos importante, de las entidades vinculadas al rito de York es la Antigua

Los mandiles del rito escocés son ligeramente distintos de los del rito de York, que están menos decorados y son cuadrados.

y Honorable Fraternidad de Marinos del Arca Real, que sólo admite a maestros masones de marca. Su simbolismo no se corresponde con ninguna otra imaginería dentro de la francmasonería y, de algún modo, es una entidad única. Su simbología está basada en la construcción del Arca de Noé y la llegada del diluvio universal. Su ceremonia contiene analogías entre la inundación y la vida real que pretenden advertir al maestro masón de marca de los peligros que acechan en el mundo y de la necesidad de esforzarnos para conseguir un refugio de seguridad y remanso. Por razones históricas, los Marinos del Arca Real son administrados internacionalmente por el Consejo de Grandes Maestros del Arco Real bajo la jurisdicción de la Gran Logia de Maestros Masones de Marca.

El rito escocés

El rito escocés, concebido para propagar las enseñanzas de la francmasonería del Oficio (a la que él denomina *simbólica*), contiene una serie de grados de contenido moral y espiritual numerados a partir del cuarto y hasta el trigésimo segundo. Aún existe un grado más, el famoso grado trigésimo tercero, que únicamente se confiere a algunos masones escogidos de trigésimo segundo grado que han demostrado que su aspiración auténtica en la vida es conseguir una fraternidad ideal en la humanidad bajo la tutela de la divinidad. No se puede solicitar el ascenso al trigésimo tercer grado y, para ser honrado con él, se deben tener cumplidos como mínimo los 33 años de edad.

En el rito escocés gobiernan los supremos consejos, que funcionan de manera muy parecida a las grandes logias, excepto por el hecho de que éstas reconocen que cualquier gran logia es la única autoridad francmasónica de las logias en ella englobadas. Los supremos consejos, por contra, sólo reclaman jurisdicción sobre los rituales del rito escocés y los lugares en los que sus grupos se reúnen, denominados *valles*. Cuando un masón se inicia en el rito escocés, se une a un valle y en él aprende las enseñanzas y los grados del rito hasta el trigésimo segundo, de manera similar a lo que ocurre en la masonería de la Logia Azul.

El supremo consejo está gobernado por un grupo de personas a las que se conoce como *miembros activos*. Cada uno de los distritos del supremo consejo es supervisado por un diputado, que es el primer oficial del rito en ese territorio. El diputado cuenta con la ayuda de los demás miembros activos del mismo territorio, cuyo número es variable (siempre existe uno como mínimo). El Consejo Supremo se reúne una vez al año para inspeccionar la actuación y los asuntos del rito y para celebrar la ceremonia del trigésimo tercer grado cuando ésta se efectúa.

A pesar de llamarse *rito escocés,* las referencias más antiguas al respecto proceden de documentos franceses. Las alusiones al rito que dichos documentos contienen hablan del *Rite Ecossais,* siendo de ahí de donde toma el nombre (ya que *Ecosse* es la denominación francesa de Escocia). A finales del siglo XVII, Francia sirvió de refugio a numerosos escoceses que escaparon de la opresión inglesa. Sin duda, entre ellos había masones que, posiblemente, fueron los responsables de la creación del rito escocés (o, al menos, tuvieron algo que ver en ello).

La primera logia de rito escocés de la que se tiene noticias se encontraba en la ciudad francesa de Burdeos en 1732. En los años siguientes, se desarrollaron los grados avanzados del rito. Así, cuando el rito se expandió fuera del país por los territorios franceses de las Indias Occidentales en 1763, ya se había convertido en un sistema de 25 grados conocido como *rito de perfección.* Se fueron añadiendo otros grados hasta llegar a la estructura moderna de 33 grados, en la que los tres primeros son paralelos y equivalentes a los tres grados de la masonería simbólica regular. Todavía subsisten unas pocas entidades del rito escocés con versiones propias de los tres primeros grados y que la mayoría de grandes logias del Oficio (simbólicas) consideran una vertiente regular aceptable, aunque en la mayor parte de los territorios, las logias azules confieren los grados simbólicos tradicionales.

El rito escocés experimentó un enorme florecimiento en Estados Unidos. En 1801, se fundó en Carolina del Sur el primer Consejo Supremo del Mundo perteneciente al rito escocés antiguo y aceptado. Su objetivo era agrupar a las distintas entidades existentes del rito escocés para poner algo de orden en el sistema que, por aquel entonces, era caótico. De los 11 miembros iniciales del Consejo Supremo (todos ellos en posesión del trigésimo tercer grado), sólo dos habían nacido en Estados Unidos; sus creencias religiosas eran igualmente dispares: se trataba de dos católicos, cuatro judíos y cinco protestantes. En Nueva York, surgió en 1813 una entidad de objetivos similares para la región norte de Estados Unidos. En estas dos áreas del país, el rito avanzó lentamente debido a una serie de factores confusos hasta que, finalmente, los dos consejos supremos acabaron incorporando también a las restantes zonas de la nación.

Dados sus esfuerzos, oficialmente se considera que la fundación del rito escocés coincide con la del Consejo Supremo de Carolina del Sur en 1801. Hay consejos supremos en todo el mundo y la mayoría mantiene relaciones cordiales con los demás. Tan sólo en Estados Unidos, más de un millón de masones sigue el rito escocés y, de éstos, unos 10.000 poseen el trigésimo tercer grado. Ni el consejo supremo ni ninguno de estos grupos subordinados reclaman un estatus más elevado que el de maestro masón y todos ellos reconocen como superiores a las grandes logias del Oficio. El gran maestro de los masones (título que ostenta el presidente de la gran logia) es reconocido sin reservas como el oficial de más alto rango en una reunión del rito escocés.

Los rangos del rito escocés se dividen en cuatro. Aunque hay ligeras diferencias dependiendo del lugar del mundo (como pasa con casi todo en la francmasonería), sus enseñanzas son siempre igualmente consecuentes. Estas cuatro divisiones se conocen como la Logia de Perfección, que confiere los grados cuarto a decimocuarto. Los diez primeros de esos grados se denominan *grados inefables* y preceden al grado de perfección. En el Capítulo Rose Croix (o de Rosacruz), el aspirante recorre del decimoquinto al decimoctavo grado; en el Consejo de Kadosh, del decimonoveno al trigésimo; y en el Consistorio, los dos últimos grados: el trigésimo primero y el trigésimo segundo. Para hacernos una idea de las posibles variaciones, en el norte de Estados Unidos y en Canadá se sigue la Logia de Perfección con el Consejo de Príncipes de Jerusalén para los grados decimoquinto y decimosexto y el Capítulo Rosacruz para los grados decimoséptimo y decimoctavo; todos los demás grados (del decimonoveno en adelante) quedan clasificados dentro del Consistorio. Además, muchos de los títulos

PRAECEPIT REX SALOMON VT TOLLERENT LAPIDES GRANDES LAPIDES PRECIOSOS
IN FVNDAMENTVM TEMPLI ET QVADRARENT EOS Reg. III. c.
N.º XLVIII

Este cuadro muestra a canteros
de todos los grados que trabajan
duramente en la construcción
del templo de Salomón, al tiempo
que el propio Salomón consulta
a Hiram Abiff.

La belleza del templo de Salomón era tal que incluso los ángeles quedaban impresionados ante su esplendor y majestuosidad.

correspondientes a los grados individuales varían de un territorio a otro.

El primero de los grados inefables, el cuarto, confiere el título de maestro secreto y enseña la importancia del deber y la fidelidad, la necesidad de mantener la discreción en asuntos confidenciales, la integridad personal y la importancia de guardar silencio cuando sea necesario. Sus rituales se basan en la historia del templo del rey Salomón y, en particular, en la de los siete constructores expertos a los que este rey designó para que custodiasen el sanctasanctórum (o lugar más sagrado entre los sagrados) y su contenido, igualmente sagrado.

El quinto grado es el de maestro perfecto y su enseñanza es que todos somos mortales y debemos tener respeto por quienes hayan fallecido. Vuelve a poner de relieve que la honestidad y la confianza son la base del honor masónico y, por tanto, deberían ser objetivos principales para un masón. Los pensamientos impuros y las ambiciones indignas corrompen al ser y provocan la destrucción moral y espiritual. El escenario del ritual de este grado está basado en la figura de Hiram Abiff, el legendario arquitecto del templo de Salomón, que tiene un papel destacado en la mitología francmasona.

El sexto grado es el de secretario íntimo. Hace referencia a la historia que relata cómo el rey Salomón salvó la vida a un constructor que había sido tomado por espía, dando así una lección de fe, devoción y celo. Señala que los masones deben evitar inmiscuirse en los asuntos personales de sus compañeros para no ofenderlos.

La justicia y la imparcialidad son los temas principales del séptimo grado, el de preboste y juez. Afirma que una única ley servirá para juzgar a todas las personas por igual y sin favor, aunque suavizada con la debida compasión. Su ritual narra cómo el rey Salomón llamó a distintos jueces para que actuasen en el juicio contra los tres presuntos asesinos de Hiram Abiff.

El octavo grado se denomina intendente de fábrica. El término «intendente» implica una posición de menor responsabilidad que la de superintendente. Enseña la importancia de la caridad y la benevolencia, y destaca la necesidad de los masones de adoptarlas para educar a los huérfanos, ayudar a los afligidos, socorrer a los enfermos y reconfortar a los mayores. La toma de estos honores supone un paso hacia la perfección. El ritual de este grado hace referencia al modo en que Salomón reemprendió los trabajos del templo tras la muerte de su arquitecto.

El noveno grado, elegido de los nueve, es el grado de la cautela. Hace referencia a los nueve constructores que Salomón designó para investigar el crimen cometido. Su mensaje es que debemos mostrarnos cautelosos en todo momento para evitar dejarnos llevar por los sentimientos y actuar de manera injusta. Si buscamos un principio común a todas las religiones, es precisamente el del servicio a la comunidad y el amor al prójimo. Este grado establece que dicho principio debería ser la guía de nuestras vidas.

Directamente relacionado con el anterior, el décimo grado enseña que las actitudes y creencias fanáticas jamás podrán vencer a la justicia ecuánime y la libertad universal. Quienes atentan contra la sociedad o sus miembros acabarán siendo castigados por la justicia, por mucho que hayan actuado en la convicción de «estar haciendo lo correcto». El título de este grado, elegido de los quince, refleja la continuidad respecto a la anterior lección en clara referencia a los quince obreros que fueron designados para desenmascarar a los asesinos del arquitecto.

Estos dos últimos grados se completan con el undécimo, el elegido de los doce, que nos recuerda que el comportamiento virtuoso recibe su recompensa de la misma manera que el comportamiento desviado recibe su castigo. Enseña que, tarde o temprano, quienes sean fieles a la verdad y tengan fe se verán gratamente recompensados por su bondad, y exhorta a todos los masones a ser honestos, sinceros y serios en todo lo que hagan. Su ritual refuerza este mensaje al describir las recompensas que reciben doce de los quince masones encargados de localizar a los asesinos.

El duodécimo grado es el de gran maestro arquitecto. Enseña al masón a meditar sobre el mundo y el lugar que ocupa en él y a considerarlo una creación de la divinidad. Para ello, recurre a las enseñanzas que se impartieron a los constructores que participaron en la construcción del templo, así como a los instrumentos y herramientas específicos que se usaban en el oficio.

El penúltimo grado de la Logia de Perfección y último entre los grados inefables es el decimotercero, que corresponde al Real Arco de Salomón. Supone una preparación para el último «grado de perfección». Sus lecciones enseñan que los posibles peligros o dificultades jamás lograrán apartar del camino a la perfección a quienes se mantengan fieles a la verdad y tengan fe. Las mejores experiencias de la vida humana se consiguen a través del trabajo duro hecho con dedicación y, a menudo, con dolor.

La Logia de Perfección culmina con el decimocuarto grado de gran elegido perfecto y sublime masón. Una vez que ha alcanzado este título, se considera que el masón tiene todas las herramientas necesarias para crear una Logia de Perfección en su propio interior. Ésta representa la cripta secreta construida bajo el sanctasanctórum del templo de Salomón, en la que se encontraba la denominada *columna de la belleza*. Se dice que dicha columna contenía el Tetragrámaton, nombre verdadero de Dios compuesto de cuatro letras, que se revela y explica al candidato durante el ritual de este grado.

El Capítulo Rosacruz recoge los grados comprendidos entre el decimoquinto y el decimoctavo. La primera de sus lecciones enseña que es vital ser fiel a las propias convicciones personales y esforzarse por hacer lo correcto. A lo largo del decimoquinto grado, el de caballero de Oriente o de la Espada, se narra el episodio bíblico de la cautividad de Babilonia. Bajo el reinado del rey Ciro, los judíos cautivados en Babilonia fueron devueltos a Jerusalén, donde participaron en la construcción del segundo templo.

El decimosexto grado guarda relación directa con el anterior, al continuar la narración de los padecimientos sufridos durante la construcción del segundo templo. Tales eran las dificultades, que el príncipe Zorobabel de Jerusalén se vio obligado a ordenar a los constructores que trabajasen con la pala en una mano y la espada en la otra. Este grado, denominado *príncipe de Jerusalén,* enseña que uno debe mantenerse leal a la verdad y cumplir sus obligaciones con la debida fidelidad.

El decimoséptimo grado, caballero de Oriente y Occidente, enseña que nuestra lealtad debe dirigirse en primer lugar a lo divino, porque las obras de la humanidad son imperfectas y perecederas. De hecho, en inglés las palabras *temporal* («temporal») y *temporary* («secular») proceden de la misma raíz. La lección que se debe sacar es que el único lugar apto para construir el tercer templo de manera duradera es el corazón del hombre y que aquél debe dedicarse a lo divino.

El decimoctavo y último grado del Capítulo Rosacruz es el de caballero Rosacruz. Para el masón que persigue la verdad última, los principios de fe, esperanza y caridad son los valores que le servirán de guía para continuar su viaje. Gracias al templo construido en su corazón para lo divino, reforzará los ideales de amor, tolerancia y universalidad capaces de transformar el mundo.

Este collarín ceremonial corresponde a los masones del rito escocés que han alcanzado el decimoctavo grado de caballero Rosacruz.

El Consejo de Kadosh engloba a los grados comprendidos entre el decimonoveno y el trigésimo. El término *kadosh* significa «sagrado» o «consagrado». De manera similar a la Logia de Perfección, los primeros once grados de estos doce se conocen como los *grados del areópago* (tribunal ateniense de la antigua Grecia). Culminan en el propio grado de Kadosh.

El primero de los grados del areópago, el grado decimonoveno, es el de gran pontífice. Enseña que todos aquellos que crean en la bondad y el alma divinas están unidos espiritualmente, con independencia de cuál sea su credo particular. La justicia, la verdad, la paciencia y la tolerancia son necesarias para discernir el bien del mal y la luz de la oscuridad, así como para asegurarse de estar del lado correcto en la constante batalla entre ellos.

Directamente relacionado con el grado anterior está el vigésimo grado de soberano príncipe de la masonería o maestro *ad vitam*, que pone a prueba los principios masónicos y la capacidad de liderazgo. De nuevo, sus enseñanzas morales son la justicia, la verdad y la tolerancia, en este caso en lucha contra la deslealtad y la traición. Aquellos que atenten contra la seguridad y la felicidad de la sociedad serán condenados.

El grado vigésimo primero, patriarca noachita, transmite que la francmasonería no es refugio de actividades criminales o malévolas. Siendo la justicia uno de los principios esenciales del Oficio, quienes falten a ella en sus propios rangos serán identificados y censurados aún más rápidamente que los de fuera. Destaca también la necesidad de defender a los inocentes y la de no presuponer jamás la culpabilidad de alguien sin tener un convencimiento pleno.

El vigésimo segundo grado confiere el título de príncipe del Líbano, que debe su nombre al hecho de que los cedros que se llevaron al templo de Salomón procedían de dicho país. Su simbolismo pretende remarcar que trabajar para ganarse la vida es una acción honorable y digna de por sí, y no un motivo de vergüenza. La verdadera vergüenza es la ociosidad. Todos deberíamos esforzarnos para mejorar la situación de quienes trabajan.

La enseñanza del vigésimo tercer grado, jefe del Tabernáculo, destaca la importancia de trabajar para gloria de la divinidad. Quienes tengan fe y amen al prójimo deberán hacer grandes sacrificios para ayudar a los demás. Y ése es el único modo de vida correcto.

El título del vigésimo cuarto grado es el de príncipe del Tabernáculo y explora el simbolismo como lenguaje universal entre las naciones del mundo. El simbolismo es una vía de comunicación teológica y fraternal incluso entre los grupos más dispares de la humanidad. La creencia en un poder supremo puede conciliar a las gentes, y el lenguaje simbólico refuerza ese lazo.

Todas las personas experimentarán a lo largo de su vida periodos en los que se encuentren, metafóricamente hablando, sumidas en el desierto. Es inevitable. En esos momentos, la fe se tambalea y la disciplina cae en picado como si de plomadas morales se tratase.

El vigésimo quinto grado es el de caballero de la Serpiente de Bronce y recuerda que todo pasa. Enseña a purificar el alma para eliminar toda mancha de desesperanza terrenal y restablecer la fe en la divinidad, en los demás y en uno mismo.

El vigésimo sexto grado es el de príncipe de la Merced. Recuerda que debemos ver más allá de nuestras propias heridas y nuestra ira, y tratar con compasión y ternura incluso a los causantes de nuestras ofensas. Se debe administrar un castigo donde sea merecido, pero no debe endurecerse como consecuencia de la venganza. Es preferible tratar a los demás con mayor ternura de la que merecen que someterlos a una inmerecida dureza.

El grado vigésimo séptimo, comendador del Templo, se basa en antiguos documentos de los caballeros teutónicos de la Casa de la Santísima Virgen María en Jerusalén, cruzados que luchaban durante el día y ejercían de enfermeros y médicos por la noche. Este grado enseña los cinco principios por los que dichos caballeros se regían: templanza, generosidad, castidad, honor y humildad.

El vigésimo octavo grado, caballero del Sol, es uno de los más filosóficos y se centra en la ciencia, la fe y la razón. Gran parte del material que se emplea en su ritual está tomado de la Cábala, un conjunto de enseñanzas judías de tradición mística que afirma que toda la creación procede de las emanaciones de diez esferas o *sefiroth* y de las 22 sendas que las unen. Cada esfera representa un principio esencial y el conjunto global de esferas y sendas (el Árbol de la Vida) conforma un esquema del proceso de la creación.

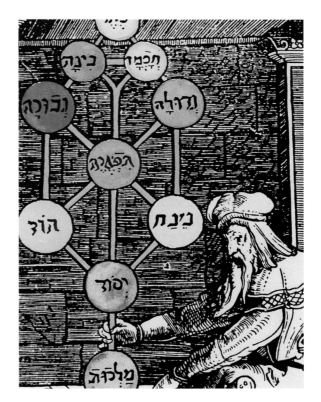

El Árbol de la Vida es la esencia del sistema judío de sabiduría mística conocido como la Cábala. En él se basa en gran medida el vigésimo octavo grado.

El vigésimo noveno grado, denominado *caballero de San Andrés,* es el último de los grados del areópago. Su enseñanza es que no existe nada parecido a un monopolio de la verdad y, en concreto, que ninguna religión posee la verdad absoluta. Debemos ser fieles a nuestras propias convicciones pero, al mismo tiempo, es vital respetar el derecho de los demás a tener opiniones diferentes. Así pues, el fin de este grado es fomentar la tolerancia y la igualdad.

El trigésimo y último grado del Consejo de Kadosh es el de caballero Kadosh. Enseña que, para convertirse en una persona recta, es necesario superar una serie de pruebas y vivir distintas experiencias, y que todos debemos luchar para defender el templo de lo divino que llevamos dentro. Siempre contamos con nuestras armas interiores. Éstas son la fe en el ser supremo y el amor al prójimo.

Los grados trigésimo primero y trigésimo segundo se enmarcan dentro del Consistorio. El trigésimo primer grado, inspector inquisidor comendador, recuerda la necesidad de otorgar una justicia imparcial, administrada con firmeza pero sin olvidar la misericordia y el perdón. La naturaleza humana es débil e imperfecta, y cualquiera que actúe como juez debe mirar antes en su interior y juzgarse a sí mismo. Todos merecemos el beneficio de la duda y ser considerados inocentes. Siempre que haya esperanza de reformar a quienes obren mal, es importante emprender la reforma con la máxima piedad posible.

El título del trigésimo segundo grado es el de sublime príncipe del Real Secreto. Su ritual pone de manifiesto la lucha entre la parte espiritual y la parte animal que todos llevamos dentro y destaca la victoria de lo espiritual. A ésta va unida la victoria de la moralidad, la razón y el sentido común sobre las pasiones y apetencias básicas. Todo francmasón sirve a la humanidad con agrado pero, en ocasiones, se encuentra indeciso entre las demandas de sus obligaciones y sus intereses personales. Este grado ayuda a comprender que el deber a menudo exige realizar grandes sacrificios y, quienes son honrados con su título, son considerados apóstoles de los tres grandes principios: «libertad, igualdad y fraternidad».

El último grado del rito escocés, el trigésimo tercero, supone el título de inspector general. Sólo se puede acceder mediante invitación. Los aspirantes se eligen entre masones de trigésimo segundo grado mayores de 33 años a través de una votación en la que participan los miembros activos de una región. Como sólo puede haber 33 miembros del trigésimo tercer grado por región, resultar elegido es todo un honor. Normalmente, son distinguidos con tan alta categoría aquellos miembros que hayan aportado a lo largo de su vida alguna valiosa contribución a la masonería, al rito escocés o a la comunidad.

Órdenes independientes

Además de los dos ritos principales y las diferentes entidades vinculadas al rito de York, existen numerosas organizaciones masónicas que ofrecen la posibilidad de seguir progresando, estudiando y actuando y que se pueden considerar independientes en lo que a los ritos respecta. El requisito común para admitir a nuevos miembros es que deben ser maestros masones bien considerados en sus respectivas logias. Algunas presentan requisitos mucho más estrictos, pero todas ellas están abiertas a los masones que practiquen el rito de York y a los masones que practiquen el rito escocés.

La Orden del Monitor Secreto

Una de las órdenes independientes mejor considerada es la Orden del Monitor Secreto, también conocida como Fraternidad de David y Juan en referencia a la gran amistad que existió entre ambos personajes bíblicos. Su misión consiste en instruir a los miembros sobre la importancia de los valores de la amistad y la fidelidad. Cada cónclave posee cuatro oficiales, o diáconos visitantes, cada uno de los cuales debe responsabilizarse de una cuarta parte de los miembros del cónclave, «proporcionándoles ayuda y asistencia en los momentos de dolor y desesperanza». Si alguno de los miembros precisa apoyo material o moral, el diácono consigue la ayuda del cónclave (todo ello dentro de los límites de la probidad, la legalidad y la buena fe).

Esta orden confiere tres grados: el de monitor secreto, el de príncipe y el de soberano gobernador (presidente del cónclave). El gran cónclave de la orden se encuentra en el Mark Mason's Hall. Los requisitos para ser admitido varían de provincia en provincia, pero se requiere invitación y sus miembros deben ser cristianos. Hay áreas en las que basta con ser un maestro masón reconocido; en otras, se exige que los aspirantes sean pasados maestros simbólicos, compañeros del Arco Real o, al menos, miembros de alguna otra orden masónica cristiana.

La Venerable Sociedad

La Venerable Sociedad de Masones Libres, Canteros, Amuralladores, Retejadores, Pavimentadores, Yeseros

y Ladrilleros es una orden dedicada a conservar el ritual y
la información relativos a los oficios físicos de la albañilería,
algo que las logias especulativas han dejado atrás.
Conocidos como los operativos, los rituales de esta orden
son mucho más antiguos que los de la francmasonería del
Oficio y contienen instrucciones prácticas además de
enseñanzas morales. A pesar de su aparente arcaísmo, los
operativos se fundaron en 1913. Pueden ser miembros de
una asamblea de la orden todos los maestros masones,
maestros masones de marca y compañeros del Arco Real de
reconocido prestigio. Los operativos confieren siete grados:
I grado de aprendiz admitido; II grado de compañero del
oficio; III grado de súper compañero, obrero y marcador;
IV grado de súper compañero y montador; V grado de
intendente, supervisor, superintendente y vigilante;
VI grado de maestro aprobado, y VII grado de maestro
masón. Para llegar hasta el grado V, no se precisa ninguna
cualificación especial pero, para poder acceder a los grados
VI y VII, se debe haber sido previamente maestro de una
logia simbólica y maestro de una logia de marca.

La Orden del Monitor Secreto celebra la relación fraternal
que existió entre David y Juan, aquí reflejada en una escena
del episodio bíblico. Así destaca la importancia de la amistad
y de la fidelidad.

La Real Orden de Escocia

Para entrar en la Real Orden de Escocia se requiere
invitación previa y ser un masón cristiano de reconocido
prestigio. La orden se administra a escala internacional
desde su gran logia, que está situada en Edimburgo.
Confiere dos grados: heredom de Kilwinning y Rosacruz.
La imaginería del primero se basa en la vida del rey David I
y retoma las enseñanzas y los símbolos de la masonería
del Oficio; el segundo grado se basa en los acontecimientos
de la batalla de Bannockburn y las acciones emprendidas
por Robert the Bruce. Los aspirantes que deseen ser
invitados deben haber sido maestros masones durante
un mínimo de cinco años y haber alcanzado el trigésimo
segundo grado del rito escocés o el rango de Orden del
Temple del rito de York.

La Societas Rosicruciana

Se basa en la investigación; está dedicada a la filosofía y al estudio de los «grandes problemas» de la vida, la esencia de la realidad y la «sabiduría, el arte y la literatura de la palabra antigua». Entre los temas que investiga se incluyen el gnosticismo, el hermetismo, la cábala, la alquimia y otros similares. Actualmente, consta de tres entidades soberanas independientes: la S. R. de Inglaterra (o S. R. in Anglia), la S. R. de Escocia (o S. R. in Scotia) y la S. R. de Estados Unidos (o S. R. in Civitatibus Foederatis). Sólo aceptan a maestros masones cristianos. La Societas Rosicruciana confiere nueve grados a sus hermanos: I celador *(zelator)*; II teórico *(theoricus)*; III práctico *(practicus)*; IV filósofo *(philosophus)*; V adepto menor *(adeptus minor)*; VI adepto mayor *(adeptus major)*; VII adepto exento *(adeptus exemptus)*; VIII maestro *(magister)*; IX mago *(magus)*. Para llegar al grado V se necesitan al menos cinco años de

La Societas Rosicruciana está dedicada al estudio filosófico y sólo admite a maestros masones de reconocido prestigio.

pertenencia a la S. R. Los grados VIII y IX son ceremoniales para los oficiales de los sumos consejos de la sociedad. En concreto, el grado IX únicamente se confiere a tres oficiales superiores: el supremo mago, el primer mago sustituto y el segundo mago sustituto.

Los shriners, los grotto y los altos cedros del Líbano

Estas tres organizaciones concentradas en Norteamérica tienen un objetivo similar: establecer lazos entre los maestros masones como individuos más allá de las jurisdicciones, tanto con fines lúdicos como de apoyo a causas benéficas. Admiten a maestros masones de prestigio dentro de su logia, con independencia de la constitución regular de la misma. El más conocido de estos grupos es la Antigua Orden Arábiga de Nobles del Místico Sepulcro, cuyos miembros también se conocen como *shriners*. Esta orden organiza desfiles y eventos para la recaudación de fondos; son famosos por el fez rojo y la estrafalaria vestimenta que los caracteriza, así como por «conducir» coches de juguete (en señal de apoyo a su red de hospitales infantiles gratuitos). La Orden Mística de los Profetas Velados del Reino Encantado, cuyos miembros también se conocen como *grotto*, tiene costumbres y rituales distintos, pero comparte la metodología y el espíritu lúdico de los shriners. Recauda fondos para la investigación de la parálisis cerebral. Por último, están los altos cedros del Líbano, que toman su nombre de los árboles del templo de Salomón. La causa a la que están entregados es la distrofia muscular y otras enfermedades neuromusculares asociadas.

Existen otras entidades menores vinculadas a la francmasonería, pero, desgraciadamente, no es labor de este libro ofrecer una descripción detallada de todas ellas.

Un rico tapiz

Dado el gran número de órdenes y entidades existentes dentro de la francmasonería, ésta ofrece tantos caminos que resulta imposible tratarlos todos. Las opciones en cada territorio varían aunque, en general, hay más de una docena de entidades a las que un miembro se puede adherir y otras tantas que requieren invitación. Y todas ellas ofrecen distintas ceremonias de grado y cientos de cargos de oficial diferentes. Los miembros pueden (y, de hecho, muchos lo hacen) adherirse a los dos ritos, el de York y el escocés; esto resulta más que suficiente para llenar la más apretada de las agendas, y más si se añaden los eventos sociales de la logia del Oficio. Teniendo en cuenta el resto de grupos existentes, la cantidad de material que podría suscitar el interés de cualquier masón es inmensa. La francmasonería es un rico tapiz y una herramienta permanente para seguir mejorando personalmente y mejorar el mundo que nos rodea. Y eso será siempre labor para toda una vida.

¿No te enloquece leer sobre un pobre diablo muerto de
[*hambre*
que iba dando tumbos porque jamás tuvo una
[*oportunidad*
en las enmarañadas redes de las circunstancias?
Si eso te quema como los fuegos del pecado, hermano,
es que estás preparado para los grados: ¡únete a nuestras
[*filas!*

¿No te enfurece saber de una mujer de alma pura
que no ganaba lo suficiente para vivir, que luchó pero cayó
en el cruel combate y fue al infierno?
¿Te hace eso bullir con enojo?
Hermano, te damos la bienvenida: ¡comparte lo nuestro!

Quien tenga el rostro lleno de sangre al
contemplar a la Bestia en el Lugar Sagrado;
quien sienta rabia ante el poder del tirano,
ante los poderes que acechan noche y día;
quien sienta odio por la voraz Bestia
que despoja al árbol de sus frutos verdaderos;
quien experimente ira ante el dolor,
el sufrimiento innecesario y el triunfo irresponsable;

quien se sienta invadido por la amargura, la vergüenza
y la rabia con el solo pensamiento de la derrota de los
[*oprimidos;*
ése sabremos que es un hermano del alma,
con una mente entusiasta y un espíritu radiante.
Bastará mirarle a los ojos para descubrir a un igual
[*nuestro...*
hermano, ¡lucha con nosotros! ¡Únete a nuestras filas!

«El constructor»,
Joseph Fort Newton, 1880-1950

Los shriners han trabajado durante muchos años por la salud de los niños, sin adoptar un aire demasiado serio en las demás cosas, incluida esta entrevista con Harry Truman.

THE ARK OF THE COVENANT
SHEWING Y BARRS ON Y SIDES
ACCORDING TO 1 KINGS VIII. 8.
THE CHERUBIMS ABOVE ON
THE COVERING, EACH WITH
TWO WINGS WITHOUT HANDS

AND A CLOUD ABOVE BE-
TWEEN Y CHERUBIMS WHICH
SEEMS TO SHINE AND AS
IT WERE EMBRACED BY
WINGS OF Y CHERUBIMS
according to Schacow & others

2

La historia de la francmasonería

El mayor patrimonio de la francmasonería reside en la riqueza de su pasado histórico: desde los orígenes legendarios de su historia, que utilizan escenarios simbólicos en sus rituales y enseñanzas, hasta su legado social, que continúa teniendo influencia en la actualidad. Con casi trescientos años de escritos y trabajos de investigación bien documentados, su pasado moderno constituye un tesoro inestimable como fuente de información. Pero lo más llamativo es cómo la historia de la francmasonería plantea sus objetivos y aspiraciones desde una perspectiva inexistente en las organizaciones empresariales de hoy en día. Actualmente, las empresas tienden a ser avariciosas, implacables y con poca visión de futuro; su único fin es apoderarse de todo lo que puedan y rebuscar para conseguir aún más. Ejecutivos estresados se ven forzados a olvidar las enseñanzas del pasado y la humanidad de la gente que les rodea para sobrevivir en el tóxico entorno corporativo. La francmasonería, por contra, se debe completamente a esos desfasados conceptos antiguos de justicia, imparcialidad e igualdad. Por encima de lo demás, su historia la ha protegido frente a toda esa corrupción que parece gobernar en los tiempos modernos.

El Arca de la Alianza, cofre que Moisés construyó para guardar los Diez Mandamientos, descansa dentro del tabernáculo sagrado.

La historia mítica

La esencia de los orígenes míticos de la francmasonería se remonta a la historia del rey Salomón, hijo de David, de quien se dice que afirmaba entender el canto de los pájaros, poseer todo tipo de conocimientos y haber sido elevado a la más sublime de las cumbres. No cabe duda de que los conocimientos y la sabiduría del rey Salomón han sido lo suficientemente grandes como para que su fama se haya perpetuado a lo largo de los siglos, de modo que se le siga considerando emblema de sabiduría y justicia en el mundo occidental actual. Este rey ocupa un lugar especial en el corazón de la francmasonería. Como primer excelentísimo gran maestro mitológico del Oficio, se le considera el legislador teórico, gran y sabio maestro de todos y objeto de amor reverencial.

Salomón era hijo de David, rey de Israel, y Betsabé, quien fuera esposa de Urías. Nació en el año 918 a. C. y, con la ayuda de su madre, logró convertirse en heredero del trono de David. Con sólo 20 años de edad, heredó el trono de su padre en el año 961 a. C. Se dice que Salomón inició su reinado haciendo gala de su legendaria sabiduría al resolver un asunto legal de considerable dificultad.

Una de las metas principales de Salomón, ya desde el comienzo de su reinado, era llevar a término el sueño de su padre de erigir un poderoso templo dedicado a Yahvé. Precisamente en la construcción de ese templo, el templo de Salomón, está el vínculo entre este rey y el Oficio. El levantamiento de ese templo había sido durante años el sueño más anhelado de David, de modo que el viejo rey ya había asentado las bases de tamaña obra. Antes de morir, David había identificado y elaborado un censo de todos los obreros existentes en su reino. Después, los examinó y señaló entre ellos a los oficiales encargados de supervisar la obra, los canteros encargados de cortar y dar forma a los materiales y los cargadores encargados de transportar los bultos.

David también trazó planos detallados de cómo quería que fuese el templo. El Arca de la Alianza llevaba muchos años sin encontrar un «hogar» adecuado. Dicha Arca contenía las dos tablas de piedra que Dios dio a Moisés, un cuenco de maná («para que vean el pan con el que os alimenté en el desierto») y la vara de Aarón. Moisés encargó a Besalel y Odolías la construcción del Arca. Ambos artistas tenían la suficiente sabiduría como para construir el Arca, y el talento para construir el tabernáculo (receptáculo en forma de templo que la custodiaba) y todos sus elementos. El Arca medía 132 por 79 centímetros, estaba fabricada en madera de acacia, y tanto su interior como su exterior estaban revestidos de oro. En el exterior, se dispusieron cuatro anillos de oro por los que se pasaban unas barras con las que transportarla. Su tapa estaba adornada con un propiciatorio conocido como *el asiento de la misericordia* y, sobre él, descansaban dos querubines que se miraban entre sí. El sueño de David era construir una estructura permanente que pudiera reemplazar al tabernáculo móvil como casa de Dios y lugar de descanso del Arca. En el *sancta* interior de su templo, el sanctasanctórum, el mismísimo Dios encontraría su morada en la Tierra. David también había reunido grandes cantidades de cedro, hierro y bronce, y había reservado una fortuna para pagar los materiales y el trabajo de los obreros.

Cuando casi había concluido los preparativos, David fue a ver al profeta Natán para interesarse por lo que los auspicios deparaban al proyecto. Quedó consternado al saber que, aunque la piedad de sus intenciones agradaba a Dios y éste era consciente de que el rey no perseguía su propio engrandecimiento u orgullo personal, no permitiría que David cumpliera su sueño y terminara la obra. La prohibición era categórica: «Tú has derramado mucha sangre y has hecho muchas guerras; tú no podrás edificar un templo a mi Nombre pues has derramado mucha sangre sobre la tierra en mi presencia».

El artificio mediante el que este rey había impulsado el asesinato de Urías, esposo de Betsabé, dando órdenes militares de que éste fuera colocado en el sitio de mayor peligro, también contribuyó a decidir esa prohibición.

Ya cercano a la muerte, David hizo jurar a Salomón que continuaría con la edificación del templo tan pronto como fuese designado rey. Dio a su hijo precisas instrucciones sobre la construcción del templo y le entregó la vasta suma de dinero que había guardado para pagar la obra (que se calcula en 10.000 talentos de oro y 100.000 talentos de plata). Unos 40 años antes, en el año 1000 a. C., David había conquistado la región de Jebús y fundado una capital a la que llamó Jerusalén. El monte de Moria fue el lugar sagrado donde Abraham estuvo a punto de sacrificar a Dios a su único hijo, Isaac. Ese monte se encontraba en el centro de Jerusalén y, como lugar más sagrado, era la ubicación idónea para el templo.

Iluminación del siglo XII que muestra a Moisés en el momento de ordenar la construcción del tabernáculo sagrado donde guardar el Arca.

El rey Salomón y el rey Hiram

Salomón se tomó muy en serio la orden de su padre y, nada más ascender al trono, comenzó a idear la manera de ejecutar el templo. Sin embargo, observó con tristeza que sus súbditos no poseían las habilidades necesarias para crear tan magnífica construcción. Los judíos de aquella época eran conocidos por su destreza militar más que por sus habilidades de ingeniería. Así pues, Salomón pidió ayuda a un viejo amigo de su padre, Hiram, el rey fenicio de Tiro. Hiram, cuyo reinado tuvo lugar entre los años 970 y 936 a. C., había mantenido buenas relaciones con David y establecido una serie de operaciones comerciales con él. Además, eran bien conocidos las increíbles artes y el talento arquitectónico de los tirios y los sidonios, súbditos de Hiram. Muchos de ellos pertenecían a una sociedad pagana de constructores operativos, la Fraternidad de Artífices Dionisíacos. Se podría decir que esta fraternidad poseía una especie de monopolio de la construcción en toda Asia Menor. Después de contemplar el templo de Melkart (famoso por su belleza incomparable en todo el oriente mediterráneo) que los artífices fenicios habían edificado, Salomón comprendió que, para hacer justicia al diseño de su padre y levantar el templo en un tiempo razonable y empleando las habilidades necesarias como para hacerlo correctamente, iba a necesitar la ayuda de esos arquitectos extranjeros.

Así pues, escribió una carta a Hiram de Tiro. El famoso historiador judío Flavio Josefo dejó constancia de tal hecho, al señalar que, en aquella época (alrededor del año 50 a. C.), dicha correspondencia todavía se podía ver en los libros judíos de sabiduría histórica y en los documentos tirios públicos: «Tú ya sabes cómo mi padre David no pudo edificar la casa al nombre de Yahvé, su Dios, a causa de las guerras que le cercaron hasta que Yahvé puso a sus enemigos bajo las plantas de sus pies. Pero ahora Yahvé, mi Dios, me ha dado reposo por todas partes; que ni hay adversarios, ni ninguna adversidad. Heme, pues, dispuesto a construir un Templo al nombre de Yahvé, mi Dios, según Yahvé dijo a David, mi padre: "El hijo tuyo que yo pondré en tu lugar sobre tu trono, ése edificará el templo a mi nombre". Así pues, ordena que se corten cedros del Líbano en mi nombre. Mis súbditos se unirán a los tuyos, y yo te daré por tus

súbditos el salario que tú me digas. Porque bien sabes que entre nosotros no hay nadie que sepa cortar y labrar los árboles como los sidonios».

El rey Hiram había sido buen amigo de David y la alianza que existía entre los dos países era de su agrado, de modo que estaba dispuesto a dar su amistad al hijo de David y, de paso, resolver un problema. Su respuesta fue entusiasta: «¡Bendito sea Yahvé, Dios de Israel, que te ha encomendado el trono de tu padre a ti, que eres un hombre sabio y virtuoso. En cuanto a mí, celebro la situación en que te encuentras y cumpliré todos tus deseos en cuanto a madera de cedro y ciprés. Mis servidores la bajarán del Líbano al mar, y la enviaré en balsas por mar hasta los lugares de tu país que tú me señales, y allí será desatada y tus súbditos la tomarán y la llevarán a Jerusalén; y tú cumplirás mi deseo suministrando alimentos a mi corte».

El rey de Hiram era tan generoso como se desprendía de su carta y enseguida ordenó a sus súbditos que iniciaran el trabajo. La madera de cedro del Líbano todavía goza de gran renombre en la actualidad; posee muy buen color y gran solidez y, además, su tronco presenta pocos nudos. A veces, estos árboles llegan a alcanzar más de 30 metros de altura, y hoy en día escasean. Los troncos talados se tenían que transportar montañas abajo; después, se serraban y, posteriormente, varios bueyes los arrastraban por los caminos hasta llegar

En la página opuesta, el rey Salomón recibe la primera entrega de madera, de obreros cualificados y de materiales enviados por el rey de Tiro.

Retratos del rey Salomón, el rey Hiram de Tiro e Hiram Abiff en una hermosa vidriera específicamente diseñada para los masones de Worcester (Inglaterra) en memoria del gran maestro Augustus Frederick Godson, en la Iglesia del Priorato de Great Malvern.

a la costa tras recorrer 24 kilómetros. Entonces, se construían grandes balsas de troncos y eran transportados por mar hasta la antigua Jope, actual Tel Aviv. Desde allí, Salomón contaba con un camino de 56 kilómetros bien construido para trasladar los troncos a Jerusalén. Era, pues, una tarea colosal.

Además de la enorme cantidad de madera, Hiram también envió trabajadores cualificados para el proyecto. Los escritos afirman que, en su momento, Salomón recibió 33.600 obreros tirios cualificados para que ayudasen a sus propios hombres. Pero aún más importante que los hombres, la madera o la piedra, Hiram también envió a Salomón al mejor de sus arquitectos: «Un hombre experto y de gran habilidad, mi maestro (...) que sabe trabajar el oro, la plata, el bronce, el hierro, la piedra, la madera, la escarlata, el jacinto, el lino y el carmesí, y grabar toda suerte de diseños y figuras. Trabajará con tus obreros y con los de tu padre David, mi señor». La misión de este arquitecto era supervisar las obras de edificación, dirigir a los obreros tirios, adaptar los diseños, y prestar su ayuda y experiencia en las labores de ornamentación y embellecimiento del templo. Se llamaba Hiram Abiff. Como pago por la ayuda recibida, Salomón entregaría al rey Hiram un tributo anual consistente en 2.000 toneladas de trigo, 400.000 toneladas de cebada, 400.000 litros de aceite de oliva y 400.000 litros de vino.

La construcción del templo

La edificación del templo se inició durante el cuarto año del reinado de Salomón, en 957 a. C., en una fecha equivalente al 21 de abril. Según señala la tradición de las enseñanzas masónicas, el propio Salomón se encargó de supervisar todos los procesos de la obra. En las canteras alrededor de Jerusalén, trabajaban 70.000 canteros aprendices que se encargaban de las excavaciones; además, otros 80.000 obreros artesanos cortaban y preparaban la madera de los cedros. Para que todo transcurriese sin problemas, 3.300 intendentes y 500 superintendentes inspeccionaban todo el trabajo. El propio Salomón dirigía a todos los obreros, supervisaba el pago de los salarios, se encargaba de mantener a los constructores contentos y motivados, solucionaba los conflictos y, en general, se aseguraba de que todo funcionase a la perfección. Sus ayudantes y consejeros en todos los asuntos eran otros dos grandes maestros del Oficio: el rey Hiram de Tiro e Hiram Abiff.

Para garantizar que todos recibieran un trato justo y un salario acorde a su trabajo, se dividió a los constructores en tres amplias categorías. Éstas se basaban únicamente en los distintos grados de pericia y aptitud de los obreros ya que, como el número de hombres que trabajaba en la obra era tan inmenso (a partir de las fuentes disponibles, algunos autores han deducido que entre los hombres de Salomón y los de Hiram sumaban unas 217.451 personas), se decidió que sería imposible identificarlos por tareas. Cada uno de los tres grupos tenía asignado y aprendía un conjunto de signos y palabras particulares que permitían a sus componentes reconocer a los demás miembros de su mismo grupo. Para cobrar los salarios, los trabajadores debían identificarse mediante esos signos y palabras y, de ese modo, recibían el salario que les correspondía.

La piedra se cortó, cuadró y numeró en las canteras. La madera se cortaba y tallaba a las afueras de la ciudad, donde los troncos procedentes de Jope habían sido depositados. Así pues, cuando llegaba a Jerusalén ya estaba preparada para ser usada y, en la ubicación del templo, tan sólo había que darle los retoques finales. Las famosas columnas de bronce del templo se preparaban a una distancia de casi 100 kilómetros al nordeste de Jerusalén, que era donde se encontraban las minas de cobre. Con una altura de aproximadamente 9 metros y un diámetro de 5 metros cada una, el transporte hasta Jerusalén seguramente fue una tarea titánica. Cada columna estaba coronada por un capitel en forma de lirios de unos 2,5 metros. Eran de una fundición de bronce y latón, y estaban huecas por dentro para albergar documentos antiguos y valiosos escritos del pueblo judío. La columna izquierda representaba a la tierra de Judea y la derecha representaba a Israel. Una vez colocadas a la entrada del templo, quedaban unidas por el dintel de Yahvé, y se dice que en esa posición representaban la estabilidad.

Las piedras y materiales se labraron y prepararon para el uso final en las canteras, antes de transportarlos al monte del templo. Después, los llevaban hasta allí y en ocasiones los fijaban con herramientas de madera «de manera que mientras lo construían, no se oía en el templo el ruido de martillos, hachas ni otras herramientas de hierro». La tradición señala que el propio Señor participó activamente en la edificación del templo, ya que, mientras duró la obra, Dios impidió que las lluvias cayeran durante el día para que no dificultasen el trabajo. El templo se construyó con una orientación este-oeste y estaba rodeado por un muro de madera y piedra de considerable altura.

Se dice que su muralla exterior alcanzaba una altura de 152 por 229 metros. En su interior, se encontraba el patio, y había una distancia de 64 metros entre los muros del templo propiamente dichos y la muralla exterior.

De los tres grandes maestros, el rey Salomón, estaba a cargo de la dirección general del proyecto y los detalles relativos a su diseño; el rey Hiram de Tiro era el responsable del abastecimiento y de los aspectos logísticos; e Hiram Abiff era el superintendente, tanto de todas las obras en sí como del levantamiento del templo. Los siguientes puestos en importancia fueron asignados a otros constructores y artistas eminentes. Según la tradición mitológica interna de la francmasonería, Adoniram y Tito Sadoc fueron los dos artesanos más importantes.

Adoniram, el cuñado de Hiram Abiff, fue nombrado inspector; debió de ser el segundo al mando tras Abiff, por lo que era enormemente respetado. Durante las primeras fases de organización de la obra, estaba a cargo de los obreros. Una vez que llegó Hiram Abiff, a Adoniram se le encargó supervisar e inspeccionar los trabajos en el Monte del Líbano, donde miles de artesanos tirios y soldados judíos preparaban la madera para ser transportada.

Tito Sadoc, príncipe de los harodim, era el sumo sacerdote. Estaba a cargo de los 300 arquitectos que habían sido elegidos para supervisar el abastecimiento y el trabajo de las materias primas. Además, era el inspector de la escuela de arquitectura que Salomón había fundado para los obreros. Estaba convencido de que, durante el tiempo que éstos trabajasen en la edificación del templo, debían recibir instrucciones avanzadas de los maestros del oficio para que su destreza aumentase considerablemente a medida que progresara la construcción del templo. De ese modo, los hombres de Jerusalén adquirirían parte de la experiencia y los conocimientos de los tirios.

Otra de las innovaciones de Salomón fue dividir a los obreros en 12 grupos formados respectivamente por hombres de una de las 12 tribus. A la cabeza de cada grupo estaría un caballero que gozaba de prestigio en la tribu correspondiente. Los 12 caballeros representantes de las tribus debían informar cada noche a Salomón del trabajo

En la página opuesta, aparece el tabernáculo sagrado rodeado por un enorme campamento. Destacan el altar y la pila de la fuente en el exterior, frente al sanctasanctórum.

Las columnas de este mandil del rito masónico escocés, a la izquierda, simbolizan las dos poderosas columnas erigidas a la entrada del templo de Salomón.

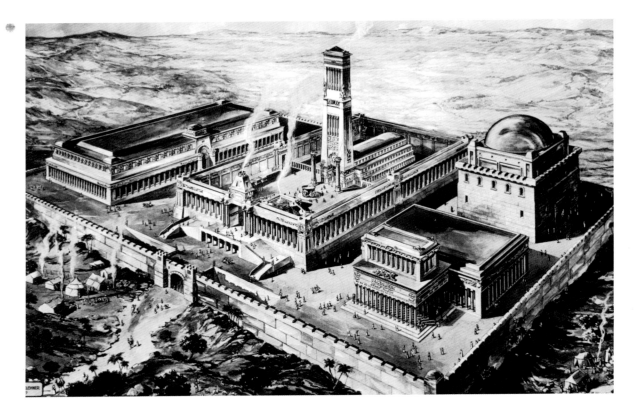

En esta versión actual de la reconstrucción del templo del rey Salomón, realizada por John W. Kelchner en 1913, se puede contemplar el mar de bronce fundido de Abiff frente a las columnas que custodiaban el sancta interior.

Interpretación holandesa de 1705 del aspecto final del templo de Salomón. Presenta reminiscencias de una ciudad de estilo victoriano.

que su tribu había desempeñado. Dicho procedimiento contribuía a garantizar una sana competición y a que los obreros se esforzasen al máximo de sus capacidades. Salomón aplicó su agudeza e ingenio a todos los aspectos de la obra para mejorar en pos de la perfección. Quienes poseían las mentes más ágiles y profesaban una gran lealtad, cuya entrega y fidelidad servían de inspiración a los demás, fueron reunidos y ungidos como maestros. En función de sus destrezas, se les asignó la supervisión o el desempeño de los trabajos delicados. Aquellos que no habían sido bendecidos con tal talento contaban con la opción del ascenso y de un mayor salario, posibilidad abierta a todos los que mejorasen sus destrezas a través de la práctica y la instrucción en la escuela y a quienes desarrollasen su labor correcta y diligentemente.

El mar fundido y la cuna de Jesús

En la esquina sureste, Hiram Abiff creó con astucia una pequeña maravilla denominada *el mar fundido*. Era una enorme pila circular de bronce fundido, con una altura menor de 2,4 metros y un diámetro de unos 4,5 metros. Tenía capacidad para 45.000 litros de agua. Estaba decorada con motivos de calabazas por debajo y alrededor del borde, fundidos con la pila en una única pieza. Se asentaba sobre doce bueyes dispuestos en grupos de tres. Así, los sacerdotes contaban con un lago sagrado en el que purificarse. Frente a la columna de la izquierda, erigió un altar de bronce ornamentado que descansaba sobre cuatro pedestales escalonados de piedra, cada uno más pequeño que el anterior. Alrededor del altar había diez basas de bronce hermosamente decoradas con querubines, palmeras, bueyes y leones, sobre las cuales había 10 aguamaniles donde purificar a los animales que se fueran a sacrificar.

Se cree que el templo tenía unos 38 metros de longitud, 20 de anchura y 12 de altura. Adosado al muro, Hiram Abiff edificó un anejo de tres pisos en torno al templo, e hizo en derredor departamentos con 90 cámaras, 30 en cada piso. La entrada al piso inferior se encontraba en la esquina sureste del templo; se accedía al piso intermedio por una escalera de caracol y, a través de otra escalera, al superior. Al interior del templo no se podía acceder ni por las cámaras del anejo ni por sus escaleras, sino a través del ancho pórtico y del vestíbulo situado enfrente del edificio y flanqueado por las dos colosales columnas. Se cree que el templo propiamente dicho se construyó siguiendo las costumbres fenicias, con un vestíbulo exterior, un espacio abierto en el centro y, separado mediante un velo, el lugar más sagrado entre los sagrados: el sanctasanctórum. En el amplio espacio abierto, el santuario, había pequeñas ventanas que dejaban pasar la luz; además, fue magníficamente decorado y equipado con los utensilios y el mobiliario más preciosos que Hiram Abiff pudo imaginar. El altar principal del santuario medía 2,25 metros cuadrados y tenía una altura de 1,4 metros; estaba hecho de acacia recubierta en oro. En cada uno de sus cuatro ángulos se colocó un cuerno. Detrás de él había dos hermosas puertas dobles que conducían a las escaleras que, a su vez, llevaban al sanctasanctórum. Era éste un cubo perfecto de 9 metros, levantado 3 metros del suelo y revestido por todos sus lados de oro molido y pulido.

Una vez establecidos los planes arquitectónicos y las estructuras organizativas y con el trabajo ya en marcha, el rey Salomón hizo un descubrimiento maravilloso en los cimientos del templo. Descubrió una cripta subterránea y, bajo ésta, otras criptas y, en la más profunda de todas, halló un cubo de piedra con una placa triangular de ágata, oro y piedras preciosas. En dicha placa estaba inscrito el Tetragrámaton, el verdadero nombre de Dios. Se trataba de la piedra angular que el profeta Enoch había construido y consagrado siguiendo las órdenes de Dios. A Enoch (y, según sus versículos, a su sucesor) le estaba permitido descubrir una única vez al año las criptas y descender hasta la piedra angular, sobre la que ofrecía sacrificios adecuados a la gloria de Dios. Pero, después del diluvio universal, la piedra se perdió para el mundo durante mucho tiempo y dejó de saberse su localización.

Consciente de la santidad e importancia de semejante descubrimiento, Salomón tomó la piedra angular y la colocó en el sanctasanctórum, su cámara interior y más sagrada, cuyo acceso se reservaba exclusivamente al sumo sacerdote y únicamente en el Día de la Expiación. Colocó la piedra en el oeste, de modo que sirviera como pedestal para el Arca de la Alianza en su debido momento, y depositó la vara de Aarón y el cuenco de maná frente a ella. Tiempo después, estando el templo ya terminado, Salomón volvió a llevarse la piedra para depositarla en un lugar aún más seguro, de modo que se mantuviera intacta en caso de que alguien destruyera el templo.

La obra se prolongó durante siete años hasta que el templo estuvo casi terminado. La leyenda masónica cuenta que su edificación quedó truncada durante un tiempo, cuando se produjo el cruel asesinato del principal consejero de Salomón, el arquitecto Hiram Abiff. Éste desapareció y, tras buscarlo durante un tiempo, hallaron su cuerpo sin vida. Salomón, casi fuera de sí por el dolor y la rabia que le provocó la pérdida de su amigo, sacó fuerzas para aferrarse a su ingenio y sabiduría. Con ayuda de un plan cuidadosamente concebido y muy bien ejecutado, capturó a los asesinos y les dio el castigo que se merecían.

Una vez resuelto el asunto del asesinato, Salomón hizo cuanto estaba en sus manos para garantizar la continuidad del trabajo de Hiram Abiff hasta terminar el templo. Designó a numerosos oficiales nuevos bajo unos rangos y grados igualmente nuevos, y repartió los trabajos de Hiram Abiff entre ellos. El trabajo arquitectónico fue encomendado a numerosos hombres de gran destreza y habilidades adecuadas, a arquitectos que habían estado bajo el cuidado y las órdenes de Tito Sadoc y que fueron nombrados intendentes de la obra. La administración de justicia se encomendó a otro grupo de hombres dedicados e intachables, a quienes se dio el título de prebostes y jueces. Con la ayuda de todos esos leales maestros, Salomón logró llenar el vacío que había dejado Hiram Abiff y llevar a su fin la construcción del templo.

El templo se completó finalmente en el año 960 a. C., más de siete años después de que se iniciara su edificación. Cuando estuvo concluido, Salomón decidió honrar debidamente al glorioso edificio de modo que fuese apto para convertirse en la casa de Dios. Convocó entonces a los ancianos y jerarcas de Israel, y a los jefes de las tribus y las familias israelitas y ordenó traer el Arca de la Alianza desde el Sagrado Tabernáculo de Sidón, donde David la había depositado a la espera de un lugar más apropiado. Los levitas fueron a por ella y la llevaron ante los sacerdotes del templo. En el Día de la Expiación, el Arca fue colocada en el sanctasanctórum sobre la piedra angular, culminando así una serie de largas y felices ceremonias. Estando el Arca en lugar seguro, Dios llenó el templo con una nube de gloria como señal de que ésa sería su morada y de que nadie más podía entrar en ella. Durante los siete días que siguieron, Salomón recitó oraciones de consagración y santificación, y sacrificó a 22.000 bueyes y 120.000 ovejas.

Los primeros masones

La terminación del templo marca la culminación de la organización de los canteros cualificados (y, por ende, de la francmasonería). Los arquitectos tirios, que poseían un gran talento arquitectónico, fueron iluminados por la sabiduría y la piedad de Salomón; los obreros judíos, cuya piedad era incuestionable, aprendieron las destrezas de sus hermanos tirios. La sabiduría de Salomón era tan grande que su código moral y sus enseñanzas impregnaban todo su sistema, y servían de base a la organización de los constructores (de los masones) con sus símbolos y señales.

El templo de Salomón dominó el paisaje de Jerusalén durante casi 400 años, hasta que el rey Nabucodonosor de Babilonia lo destruyó en 586 a. C. Casi 50 años después, en 538 a. C., el rey Ciro de Persia sometió a Babilonia y liberó

a los hebreos allí esclavizados. Éstos regresaron a Jerusalén para iniciar la reconstrucción del templo bajo la dirección de Zorobabel *(véanse* las páginas 38-40). La reconstrucción concluyó finalmente en el año 515 a. C.

En el año 164 a. C., Judas Macabeo conquistó Jerusalén y llevó a cabo labores de restauración en el templo. Pero los romanos, durante el mandato del general Pompeyo, tomaron la ciudad en el año 63 a. C. y, en 54 a. C., bajo el cónsul romano Craso, el edificio fue saqueado. En el año 37 a. C., el rey Herodes tomó la ciudad y, alrededor del 20 a. C., comenzó a restaurar el templo. Los trabajos de reconstrucción se prolongaron hasta el año 64 de nuestra era. Pero, cuando por fin concluyeron, los romanos saquearon Jerusalén y destruyeron el edificio, de modo que su historia quedó definitivamente truncada.

Como último fragmento de la casa de Dios en la tierra (el último resto del templo de Salomón), el Muro de las Lamentaciones es el lugar más sagrado de la cristiandad hoy en día.

Hoy en día, sólo se conserva un fragmento de la muralla exterior del templo (el Muro de las Lamentaciones), uno de los lugares de peregrinaje más importantes del mundo.

El reinado de Salomón duró 40 años y, cuando murió, la gloria y el poder del imperio hebreo murieron con él. Pero el legado de sus enseñanzas y su sabiduría se ha mantenido. Sus preceptos han sobrevivido a lo largo de los siglos, conservados dentro del gremio de los constructores, y llegan hasta nosotros manteniendo intacta su doctrina aleccionadora... O, al menos, eso cuenta la leyenda.

La historia esotérica

Para desconcierto de muchos francmasones, los rumores que declaran que la francmasonería es heredera y guardiana de todo tipo de profundos secretos ocultos no cesan. Hay quienes hablan de grandes cantidades de oro de los templarios, fragmentos hace tiempo perdidos de sabiduría arcana y reliquias de otro mundo como el Santo Grial, el Arca de la Alianza y la Lanza de Longino (que atravesó el costado de Jesucristo cuando estaba en la cruz).

Estos rumores suelen dar por hecho que existe una especie de consejo interno secreto que gobierna sobre el mundo masón. No obstante, en el capítulo anterior ha quedado claro que tal cosa es imposible. Más allá de semejantes rumores y habladurías, resulta innegable que la francmasonería debe de haber tomado o sintentizado su simbolismo espiritual y sus enseñanzas morales de algún sitio. Es probable que jamás lleguemos a conocer las etapas más tempranas de la evolución espiritual de la francmasonería, aunque existen numerosas teorías.

La tradición instructora

El corpus interno de leyendas de la francmasonería sugiere que las enseñanzas espirituales del Oficio emanan de la sabiduría de Salomón, preservada en los gremios y las sociedades de canteros operativos (profesionales) a lo largo de los siglos. No cabe duda de que la francmasonería debe mucho a los gremios de albañiles y constructores de la Edad Media, sobre todo en Escocia. La estructura de la logia como punto de reunión, al igual que la de algunos elementos simbólicos de la masonería, se remonta a las costumbres de los gremios.

Teniendo siempre presente que el término *francmasón* originalmente designaba a los canteros cualificados, la logia operativa francmasona más antigua que se conoce es la de Edimburgo, denominada Mary's Chapel, que en la actualidad pertenece a la Gran Logia de Escocia. Sus archivos contienen documentos que se remontan al año 1599, más de un siglo y un cuarto antes del nacimiento oficial de la francmasonería moderna. Se cree que también otras logias datan de aquella época, pero no se tienen testimonios documentales. Un ejemplo sería la logia Mother Kilwinning, que también pertenece en la actualidad a la Gran Logia de Escocia. Analizando las pruebas que aportan estas logias de tiempos inmemoriales, podemos concluir que la masonería moderna no es una vulgar copia de los antiguos gremios de los trabajadores de la piedra, sino más bien una transmisión directa.

Una vez seguros de esto, resulta tentador pensar que también el componente espiritual de la francmasonería se ha transmitido por esas mismas vías. Según la leyenda interna de la francmasonería, tras la construcción del templo de Salomón, los artífices dionisíacos de Tiro (y de Fenicia en general) sintetizaron la sabiduría y piedad del rey en una estructura coherente. Dicha estructura se convirtió en un sistema de perfeccionamiento moral, fortalecido y desarrollado a lo largo de los siglos hasta llegar a Pitágoras y su red de escuelas y alumnos. La tradición pitagórica albergó esta sabiduría hasta que fue absorbida por los *collegia* (gremios) romanos, dedicados principalmente a las enseñanzas arquitectónicas prácticas.

Cuando Roma cayó y los bárbaros destruyeron los *collegia,* algunos gremios arquitectónicos sobrevivieron en Lombardía, al norte de Italia, cerca del lago de Como. Sus arquitectos, los maestros de Como, eran el último bastión de los *collegia* y los herederos de la sabiduría pitagórica. Esos colegios florecieron durante la Alta Edad Media y es posible que enviasen constructores («masones») a Inglaterra con san Agustín, alrededor del año 600. Pero su existencia se prolongó, dando a conocer técnicas antiguas heredadas de los dionisíacos, que afirmaban que habían sido usadas para construir el Arca de Noé. Dichas técnicas sirvieron como fuente de inspiración al movimiento arquitectónico del arte gótico. Así fue como los secretos de la masonería pasaron de los gremios de Como a los constructores de las catedrales del siglo XII. Este trabajo en las catedrales suscitó interés y atrajo a aprendices; los gremios medievales de canteros cualificados se agruparon en torno al oficio, y transmitieron los conocimientos de Salomón hasta llegar a la francmasonería moderna.

Sin embargo, esta mítica historia lleva asociados ciertos problemas. El mayor de todos es que no existe ni una sola prueba que indique que haya habido una transmisión de tradición espiritual o mística en el saber arquitectónico. Puede ser que Pitágoras adquiriese algunas enseñanzas espirituales de los dionisíacos, pero es muy improbable que, posteriormente, se transmitieran a los *collegia* y, de ahí, a los arquitectos de Como. Tampoco sabemos hasta qué punto tuvieron influencia los de Como en la Alta Edad Media, y no existe ninguna prueba de que la

San Agustín rodeado de demonios que intentan distraerle durante
la ejecución de su obra maestra: *La ciudad de Dios.*

Ilustración de Gustave Doré de la primera cruzada, en la que un grupo de caballeros parte hacia Tierra Santa. Este hecho fue el punto de partida para la aparición de los caballeros templarios y otras órdenes religioso-militares.

arquitectura gótica fuera algo más que innovación. Lo más probable es que, sencillamente, los constructores de las catedrales recibiesen algunas enseñanzas espirituales debido al contacto con el clero como consecuencia de su participación en la construcción de edificios religiosos.

Además, la propia masonería simbólica cuestiona la leyenda. El tercer grado del oficio, el de maestro masón, está cargado de simbolismo, pero éste poco aporta al hacer de los canteros cualificados o a la arquitectura. Entonces, ¿cómo es que este ritual ha sobrevivido sin adquirir unas dimensiones más profesionales? Incluso suponiendo que así hubiera sido, las herramientas simbólicas de enseñanza del primer grado no concuerdan con las herramientas que, en la práctica, recibiría un principiante del oficio, lo cual impide dar por hecho que los distintos grados se puedan alcanzar mediante enseñanzas profesionales u operativas.

Retrato de Jacques de Molay, el último gran maestre de los caballeros templarios, que fue ejecutado en 1314.

Una incongruencia así no habría superado los 3000 años; la habrían corregido para dotarla de un mayor sentido. Así pues, el mito de la transmisión directa desde los tiempos de Salomón no es más que eso: un mito.

Los pobres caballeros de Cristo y el templo de Salomón

Los caballeros del Temple han sido objeto de inagotable fascinación y fuente de inspiración para la tradición occidental. Fundada en 1118 por Yves de Faillon con el fin de proteger a los peregrinos que viajaban a Tierra Santa desde Europa tras la primera cruzada, la Orden de los Caballeros del Temple se estableció por primera vez en el mismísimo monte de Moria. Allí se hicieron con la mezquita de al-Aksa, a la que llamaron «templo de Salomón» por encontrarse sobre las ruinas del mismo. Los templarios ampliaron la mezquita y usaron las criptas subyacentes a ella como establos. Mientras crecían en número, aumentaban su prosperidad y su prestigio.

Con el paso de tiempo, regresaron a Europa y lograron hacerse dueños de grandes riquezas y enorme poder (en concreto, como banqueros) hasta que Felipe IV, rey de Francia, disolvió la orden en 1307 con la ayuda del papa Clemente V y decretó su persecución. Así, muchos templarios huyeron y sus fortunas desaparecieron con ellos. En Portugal, adoptaron la denominación de Orden de Cristo y ayudaron al país a convertirse en una potencia naval. En España, se fusionaron con la Orden de Montesa. El rey de Escocia, que había sido excomulgado por el Papa, y el de Inglaterra hicieron oídos sordos a la orden de persecución. En los lugares donde fueron perseguidos, sus bienes fueron confiscados y se entregaron a la Orden de los Caballeros Hospitalarios, adonde se trasladaron muchos templarios que sobrevivieron a la persecución.

Los templarios capturados fueron sometidos a brutales torturas para que confesaran todo tipo de delitos satánicos. Entre otras muchas cosas, se les acusó de adorar a una cabeza parlante llamada Bafomet, a la que habían descubierto en el monte de Moria. Se les imputaba mantener contactos homosexuales, escupir sobre la cruz y todo tipo de comportamientos herejes. El gran maestre de la orden, Jacques de Molay, fue quemado vivo en el año 1314. Mientras ardía en la hoguera, maldijo al rey Felipe IV y al papa Clemente, deseándoles la muerte en el plazo de un año. La maldición pareció cumplirse, pues Clemente V murió un mes después y Felipe IV, seis meses más tarde. Durante años, la Iglesia Católica ha mantenido que los templarios eran inocentes y que el Papa había sido manipulado y forzado a decretar su disolución. En los archivos secretos del Vaticano, en el año 2001, un investigador encontró un documento que demostraba que Clemente, de manera clandestina, había absuelto a los templarios meses antes de la ejecución de Molay.

Hay quien afirma que, durante su expansión, los templarios tuvieron contacto con antiguas sectas y órdenes misteriosas, fundadas por los constructores tirios y hebreos que permanecieron en Jerusalén y sus alrededores una vez finalizado el templo. Dichas sectas habrían preservado la sabiduría y las tradiciones del templo, incluida la historia del asesinato de Hiram Abiff, de la que no hay testimonio escrito. Los templarios aprendieron de ellas los secretos ancestrales en Jerusalén o en Siria. Con el paso del tiempo la orden adquirió un carácter más ritualista y hermético,

Miniatura en la que se ve a un templario ante el papa Clemente y el rey Felipe antes de que se forzase la disolución de la sociedad.

lo que se podría interpretar como una estructura similar a la de una secta secreta.

Durante su época dorada en Europa, los templarios construyeron comandancias, templos, iglesias y otros edificios. Si de verdad habían aprendido las tradiciones secretas, bien podían habérselas desvelado a los arquitectos que contrataron para la construcción de sus propiedades. Más concretamente, se cree que numerosos templarios europeos huyeron a Inglaterra cuando se decretó su disolución y, desde allí, avanzaron hasta Escocia, donde jamás fueron perseguidos. Quedaron así al margen de la historia oficial, pero se cree que nunca desaparecieron.

En una época, es posible que determinados segmentos dejasen la estructura templaria para conformar gremios medievales de canteros adoptando cargos simbólicos. Esto proveería una línea directa de transmisión a la francmasonería moderna; puede que incluso una vía para considerar a la francmasonería como descendiente directa de las enseñanzas espirituales de los templarios.

Ésta es una interesante teoría que apela al misticismo y al romanticismo por igual... ¿Cuáles eran los secretos desenterrados por los místicos templarios de las criptas ocultas en el monte de Moria que acabaron siglos después en manos de los primeros canteros y constructores escoceses? Desgraciadamente, no hay pruebas consistentes que respalden esta teoría. Ni siquiera sabemos si hubo templarios franceses que escaparon a la purga; algunos historiadores afirman que fueron capturados todos; otros, que la orden fue avisada de lo que iba a ocurrir y sólo unos pocos se convirtieron en chivos expiatorios, con lo que sus secretos y tesoros podrían haber terminado en cualquier parte. Algunas tumbas escocesas de los siglos XIV y XV parecen poseer un vínculo con los templarios, pero esto no se sabe a ciencia cierta. En todo caso, de haber sobrevivido, ¿por qué iban los templarios a revelar sus secretos a los canteros escoceses o a los francmasones?

La Orden de la Rosacruz

De acuerdo con la leyenda más extendida, el fundador mítico de la Orden de la Rosacruz fue Christian Rosenkreuz, un alemán nacido en 1378 que, supuestamente, recorrió Tierra Santa para aprender las enseñanzas de la sabiduría oculta de la mano de diversos maestros de Oriente y Oriente Medio. Se le atribuye la

Cuando los templarios
fueron declarados herejes,
Felipe el Hermoso arrestó
a tantos como pudo
capturar.

Muchos templarios,
acusados de practicar
la brujería, la blasfemia
y la herejía, fueron
condenados a morir
en la hoguera.

fundación de la orden en 1407, que, en un principio, mantuvo proporciones reducidas (no más de ocho miembros). Murió en 1484, con 106 años, y la orden decidió mantenerse secreta durante 120 años más a petición de su fundador. Posteriormente, resurgió en 1614 con la difusión de unos enigmáticos panfletos anunciando su presencia a una Europa a la que no dejó falta de curiosidad.

Una versión menos conocida atribuye la fundación de esta orden a un sabio alejandrino llamado Ormus, en el año 46 d. C. El apóstol san Marcos logró que Ormus y sus discípulos se convirtieran al cristianismo, y la fusión de su sabiduría mágica egipcia con las enseñanzas cristianas sentó las bases de la orden. Ésta mantuvo su existencia en secreto durante 1400 años antes de que Christian Rosenkreuz, el gran maestro en su época, se encargase de garantizar su inclusión en los libros de historia.

Las noticias más objetivas datan de 1614, cuando se publicó de modo anónimo en Europa un documento con el nombre de *Fama Fraternitatis Rosae Crucis* (*Fama de la Fraternidad de la Orden Rosacruz*). A éste le siguió *Confessio Fraternitatis* (*Confesión de la Fraternidad*), publicado en 1615, y *Las bodas químicas de Christian Rosenkreuz*, de 1616. El tono de los documentos es místico y alegórico; aludían a secretos ocultos, proponían que se ahondase en los misterios de la fraternidad y contenían unas connotaciones de perfeccionamiento moral y reforma religiosa. Provocaron mucha agitación y especulación y desataron un aluvión de materiales similares.

Muchos autores místicos, herméticos y alquímicos se declararon rosacruces, pero no hay pruebas de la existencia de una orden activa. Da la sensación de que trabajaban aisladamente, atribuyéndose la nueva etiqueta porque concordaba con sus creencias personales. De hecho, el inicio parece estar en el autor de los tres panfletos, y se cree que podrían haber sido inventados por el teólogo Johannes Valentin Andreae con el fin de ridiculizar a los

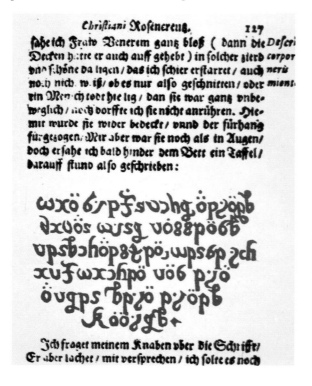

Página de *Las bodas químicas de Christian Rosenkreuz*. Los manuscritos todavía se conservan en las colecciones de las bibliotecas importantes para ser estudiados.

Este cartel promocional, creado por Albinet para el Tercer Salón el 7 de abril de 1894, muestra a Christian Rosenkreuz y a un templario anónimo ante el Grial Rojo.

rosacruces. De haber sido así, el tiro le salió por la culata, dado el número de debates e investigaciones serias que despertó. Entre los rosacruces se incluyen Leonardo da Vinci, Isaac Newton, René Descartes, Ramon Llull, Ludwig van Beethoven y el filósofo hermético Paracelso.

Desde la perspectiva masónica, lo interesante son las experiencias de Rosenkreuz en Tierra Santa. Durante el tiempo que estudiaba con los maestros secretos que allí encontró, se cree que podría haber aprendido la sabiduría salomónica y las leyendas del templo directamente de los últimos maestros tirios y sus descendientes. Cuando regresó a Europa, llevó consigo tal sabiduría y la incorporó a las enseñanzas de la Rosacruz al fundar la orden. Cuando ésta se hizo pública en 1614, despertó gran interés. La tradición cuenta que uno de los rosacruces, conocedor de los secretos de la sabiduría salomónica, participó en alguna de las incipientes organizaciones masónicas y reveló los misterios de la orden a sus hermanos. Esas organizaciones

Se suele aceptar como posible que el teólogo Johannes Valentin Andreae, aquí retratado, creara los panfletos rosacrucianos con el objetivo de ridiculizar a esa orden.

evolucionaron hasta convertirse en lo que es la moderna francmasonería.

Se sabe con certeza que algunos de los primeros miembros de la masonería simbólica (no operativa) también mostraron gran interés por la Orden de la Rosacruz; tal es el caso de Elías Ashmole, iniciado en 1640. Igualmente, otros personajes que tuvieron gran influencia en la evolución de la francmasonería, como el filósofo Robert Fludd, mostraban inclinaciones rosacrucianas. Sin embargo, la Orden de la Rosacruz sólo puede haber servido como vehículo de transmisión del material salomónico en el caso de que Rosenkreuz haya sido un personaje real y esto parece muy poco probable.

La Cábala

La Cábala, tradición mística de la religión judía, pretende arrojar algo de luz sobre la naturaleza divina y el proceso de la creación. La Cábala permite al hombre la unión mística con Dios y le proporciona un camino para comprender su inefable naturaleza o, al menos, para asimilar tanto como su mente sea capaz de entender. La teoría que ahora nos ocupa afirma que la francmasonería es una adaptación de los principios cabalísticos, una alegoría velada del misticismo judío.

La Cábala ha estado presente en la doctrina y la investigación filosóficas y religiosas del judaísmo ortodoxo durante casi 2000 años. Pero no logró popularizarse en la doctrina mística occidental hasta el siglo XVI. En un principio era de tradición oral y se transmitía de maestros a discípulos pero, con la llegada de la imprenta, el saber cabalístico se publicó resumido en un conjunto de ideas místicas. En particular, un libro titulado *Zohar* (o *Libro del Esplendor*) fue el que realmente dotó a la Cábala de las sólidas bases que necesitaba para lograr un amplio reconocimiento. Dicho libro también recuperaba la doctrina judía, de manera que sus preceptos han sido considerados como la máxima exposición de la misma.

La Cábala afirma que la creación está dividida en cuatro mundos que representan distintos niveles de consciencia: el divino, el intelectual, el emocional y el instintivo. Estos cuatro mundos proceden de la luz que emana de 10 esferas (*sefiroth*) diferentes unidas entre sí mediante 22 senderos subjetivos (*nativoth*). Así, la deslumbrante manifestación de la radiación de Dios toma forma y sustancia en la primera esfera, para transformarse en ser en la décima esfera. Curiosamente, existen algunos paralelismos interesantes entre las teorías cabalísticas relativas a la manifestación y la vanguardia de la mecánica cuántica.

El conjunto de esferas y senderos forma un diagrama denominado Árbol de la Vida u *Otz Chi'im*. Cada faceta de la realidad procede de las emanaciones de las esferas, que poseen unas relaciones dinámicas entre sí, tal y como representan los senderos, hasta alcanzar la esfera final. Del mismo modo que cada uno de los cuatro mundos emana del mundo inmediatamente superior a él, cada persona posee su propio Árbol de la Vida personal; y en él, a partir de la primera esfera surge el siguiente nivel hacia abajo.

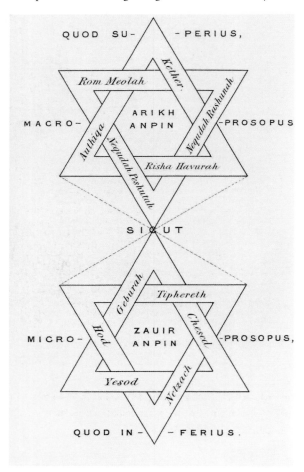

Esta ilustración del *Zohar* muestra el principio místico que afirma: «Como lo de arriba, lo de abajo; la tierra es un reflejo del cielo».

La implicación filosófica está clara: para alcanzar un nivel de consciencia, es necesario dominar y trascender el nivel inferior. Las bestias están apresadas en el nivel instintivo, mientras que los seres humanos transcienden ese nivel de consciencia al desarrollar el lenguaje. Algunos se atascan en el nivel emocional y otros logran alcanzar el intelectual, siendo capaces de dominarse a sí mismos. Según la filosofía cabalística, la meta última de todo ser humano (de toda la energía) es perfeccionar los niveles emocional e intelectual para sobrepasarlos, renaciendo en lo divino y en busca del entendimiento por medio de la luz.

De acuerdo con esta teoría, el contenido místico y espiritual de la francmasonería deriva en buena parte de los principios cabalísticos. La Cábala pretende proporcionar un camino hacia la perfección del alma y la consecución de la gracia, al igual que la francmasonería. Se puede considerar que los tres grados de la francmasonería equivalen a los tres mundos superiores de consciencia de la Cábala. Los rituales del primer grado abordan temas éticos, emotivos; el segundo grado trata asuntos intelectuales y el tercero simboliza el proceso de la muerte y resurrección a la consciencia espiritual. Es más, las 10 esferas y los 22 senderos suman un total de 32 elementos, el mismo número de grados que presenta el rito escocés. Y los cuatro mundos pueden entenderse como equivalentes de las cuatro entidades principales del rito de York.

Al analizar los detalles del simbolismo de cada nivel de la Cábala, se pueden establecer otros paralelismos. Aun las tres grandes luces de la logia se pueden ver como los tres «velos» de luz existentes por encima del Árbol de la Vida y que sirven para evitar que la manifestación de la radiación de Dios perturbe la creación: el *Ain* (la nada), el *An-Soph* (el infinito) y el *Ain-Soph Aur* (la luz infinita).

Al final, está claro que la mente humana tiende a observar los modelos, a descubrir equivalencias y a trazar paralelismos. Es el modo en que nuestro cerebro ordena la realidad para experimentarla. Si se examinan a conciencia, siempre es posible encontrar un gran número de paralelismos entre dos sistemas complejos cualesquiera. En especial y por su carácter flexible, cuando uno de ellos es la Cábala. Los cabalistas argumentan que se debe a que todo lo que existe contiene en sí mismo el Árbol de la Vida; sea como fuere, ésta es una afirmación religiosa más que una descripción casual. Así pues, y dicho todo esto, aunque ciertos grados tengan un fuerte trasfondo cabalístico, no existe ninguna razón especial para creer que toda la francmasonería moderna es una recreación de la Cábala.

Conclusiones esotéricas

No es descartable que existan en la masonería tendencias derivadas de la Cábala. De hecho, la meta cabalística de lograr la perfección del ser a través del renacer en un nivel superior de consciencia concuerda con los fines de la francmasonería como sistema. Es innegable que existen muchos rastros de material religioso muy poderoso. En lugares muy dispares, se pueden establecer paralelismos entre la masonería y la doctrina y el simbolismo de las religiones principales. La imaginería rosacruciana y el simbolismo de los templarios ocupan un lugar destacado en las órdenes masónicas. Sin duda, la francmasonería toma símbolos e iconos de todo tipo de tradiciones y escenarios. Pero ¿significa eso que sea heredera de éstos?

A la vista de las huellas místicas, se puede concluir que, seguramente, fueron unos filósofos de mente flexible, versados en naturaleza y moralidad, quienes recopilaron los aspectos morales y espirituales de la francmasonería. Parece que tenían profundos conocimientos de psicología y espiritualidad, y que aprendieron las enseñanzas de los grandes maestros sin atender a la religión o regiones implicadas en ellas (la francmasonería pone gran empeño en no excluir a ninguna religión). El esfuerzo y la sabiduría para tomar tantas doctrinas y enseñanzas espirituales diferentes y, a partir de ellas, componer un sistema de perfeccionamiento moral personal coherente, independiente y, sobre todo, elegante, deben de haber sido inmensos. La integración de esas enseñanzas en la red de gremios de canteros para dotarles del fundamento que precisaban para subsistir fue un golpe de brillantez.

Considerando las pruebas documentales que se conservan, el sistema moderno debe de haber empezado a desarrollarse cuando los gremios operativos de canteros comenzaron a admitir entre sus filas a miembros especulativos y evolucionó hasta completar el tercer grado alrededor de 1725. Al incluir personajes tan dispares, habitualmente poderosos y ricos, sus creadores se aseguraban un sistema activo, elegante e imperecedero... Pero también allanaban el terreno para cualquiera que desease ver en ella algún tipo de conspiración o trama.

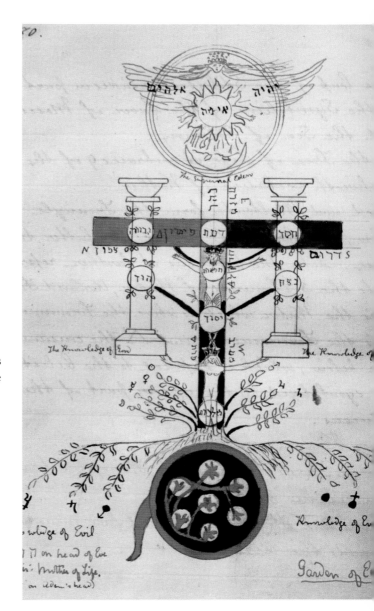

Los «pilares» izquierdo y derecho del Árbol de la Vida están estrechamente relacionados con las columnas situadas a la entrada del templo de Salomón.

La historia conocida

Los indicios más antiguos sobre la práctica masónica se encuentran en dos documentos de principios de la Edad Media: el *Manuscrito regio* y el *Manuscrito de Cooke,* de 1390 y 1450 respectivamente. Probablemente, el *Manuscrito regio* fue escrito por un sacerdote. Trata sobre la formación del rey Athelstan en un antiguo gremio de canteros de York en el siglo X, e incluye una serie de directrices éticas y conductuales que recuerdan a algunos preceptos de la francmasonería moderna. En cuanto al *Manuscrito de Cooke,* fue un masón quien lo redactó, y trata casi exclusivamente asuntos especulativos más que operativos. Está claro que sirvió de inspiración a los fundadores de la masonería moderna, ya que incluía referencias a lo esencial del simbolismo y el pensamiento masónicos, mencionando la edificación del templo de Salomón y las siete artes y ciencias liberales. Está documentado que un gremio operativo de masones de Londres llamado Compañía de los Masones Libres obtuvo un escudo de armas en 1473.

Pero la historia masónica temprana arranca con los Estatutos de Schaw, de 1598 y 1599. William Schaw fue desde 1583 maestro de obras y vigilante de obras del rey Jacobo VI de Escocia. Sus dos primeros estatutos definían las tareas asignadas a los miembros de la logia, les prohibían trabajar con albañiles («masones») no cualificados, y establecían castigos para quienes trabajasen mal o de manera poco profesional. El segundo estatuto contiene unos sutiles trazos de conocimientos espirituales, exige a las logias que examinen la capacidad de memorización de sus miembros y señala que las logias deben elaborar informes escritos. Aquí queda constancia de que la logia de Kilwinning estaba activa por esa época. Este requisito de mantener registros escritos supone el punto de partida de todos los datos masónicos que tenemos. El documento más antiguo del mundo sobre una iniciación trata de la inclusión de Laird Boswell of Auchenleck en la Logia de Edimburgo, Mary's Chapel, el 8 de junio de 1600. Boswell, un noble, no era cantero, así que su iniciación es la primera prueba de inclusión de miembros especulativos.

Los primeros iniciados

La iniciación más antigua que se conoce en Inglaterra es la de sir Robert Moray (1641) en una logia de masones vinculados a un fuero escocés de Newcastle upon Tyne. Sin embargo, la Venerable Compañía de Masones Libres de Londres, o Compañía de la Librea, posee documentos que se remontan a 1621 y que prueban que ya entonces sus miembros estaban clasificados en función de su condición de «operativos» o «aceptados». La primera iniciación de la que se tiene noticia en Estados Unidos es la del gobernador de Massachussets, Jonathan Belcher, en 1704; mientras que, en Australia, la primera que se conoce es la de un capitán del Cuerpo de Nueva Gales del Sur llamado Anthony Kemp. Esta última se llevó a cabo a bordo de un barco francés en el puerto de Sydney, en 1802.

En 1646, Elías Ashmole, un escritor, historiador y filósofo de renombre, era miembro del Colegio Invisible, una sociedad científica y filosófica que estaba integrada por los más grandes pensadores del momento. A ella pertenecieron personajes como Isaac Newton, Christopher Wren, Francis Bacon, Robert Boyle, John Wilkins o Robert Moray. Aunque Ashmole señalaba en sus diarios que la membresía a este colegio era arriesgada, el colegio logró finalmente una cédula real de Carlos II en 1662 y constituyó la famosa Royal Society (siendo numerosos miembros de ésta masones). Ashmole también hablaba de una asamblea a la que asistió en 1682 pero, aparte de esas notas esquemáticas en sus diarios, hay muy pocos testimonios masónicos de la Inglaterra del siglo XVII.

Como recuerda Samuel Pepys en sus diarios, aquella época era muy inestable, y cualquier cosa que pudiera suponer una amenaza para la ideología establecida o que oliese a conspiración podía ser fuente de problemas e incluso suponer la muerte. Todavía existía la condena a morir en la hoguera por herejía o brujería. La Iglesia Católica había prohibido las obras de Francis Bacon y la Inquisición deseaba apresarlo. Del mismo modo, Galileo fue condenado por afirmar que la Tierra giraba alrededor del Sol. Por tanto, no resulta sorprendente que el Colegio Invisible fuera secreto y que sus miembros se sintieran

Invitación para asistir a una asamblea masónica en Glasgow, en 1885. Obsérvense las columnas que presenta a ambos lados.

A la izquierda, un grabado de T. Higham representa a los francmasones de la Logia de San Juan durante la celebración de una procesión en Tarbolton (Escocia), a principios del siglo XIX. Sirvió como ilustración de un poema de Robert Burn.

Los diarios de Elías Ashmole son una de las pruebas más antiguas sobre la francmasonería moderna en sus primeras etapas.

atraídos por la francmasonería. Es posible que la promulgación de un código moral y espiritual en la estructura de un gremio de canteros operativos date de esa época. Refugiándose entre los canteros operativos, el peligro que corrían los pensadores y los liberales intelectuales era menor y, además, ello les servía de «coartada» y vía de negación convincente. El simbolismo del oficio de los canteros les daba una seguridad adicional. ¿Qué otro símbolo habría resultado mejor para un grupo de filósofos naturalistas que el del rey Salomón, el personaje más sabio de todos los tiempos? En realidad, no se sabe si la francmasonería especulativa de Inglaterra se limitó a copiar la estructura de las logias operativas de Escocia o si se fusionó con algunos grupos operativos auténticos y al final acabó controlándolos. Sin embargo, el resultado final y la protección que suponía camuflarse bajo uno de esos grupos eran los mismos.

La masonería moderna

El 24 de junio de 1717 se acepta como inicio de la historia de la masonería moderna. Ese día, cuatro logias de Londres formaron una entidad supervisora, que sería la Primera Gran Logia de Londres. Esas cuatro logias, de pintorescos nombres tomados de las tabernas en las que se reunían, eran: The Rummer and Grapes Tavern («Taberna del Cubilete y la Uvas»), en Westminster; The Apple Tree Tavern («Taberna del Manzano»), en la calle Charles; The Goose & Gridironde («La Oca y la Parrilla»), en St Paul's Churchyard; y The Crown Ale House («Taberna de la Corona»), cerca de la calle Drury. Su asamblea inaugural se celebró en la taberna Goose & Gridironde. Sumaban 115 masones, de los que dos tercios pertenecían a la logia Rummer and Grapes. Eligieron a un grupo de grandes oficiales y a su primer gran maestro, Anthony Sayer. Tres de esas cuatro logias fundadoras sobreviven en la actualidad bajo el auspicio de la UGLE: The Goose & Gridironde, denominada Antiquity n.º 2; The Rummer and Grapes, llamada Royal Somerset House and Inverness Lodge n.º 4; y The Apple Tree, llamada Lodge of Fortitude and Old Cumberland n.º 12.

La influencia de la nueva gran logia se expandió con rapidez. En 1721, adoptó el nombre de Primera Gran Logia de Inglaterra y englobaba a más de 50 logias de Londres y sus alrededores. En la celebración de su cuarto aniversario, la elección como gran maestro del duque de

Este grabado del siglo XVIII representa a James Anderson al entregar las constituciones de la francmasonería, mientras que el firmamento vigilante concede su aprobación.

Montague contribuyó a aumentar el prestigio del Oficio y a darle publicidad. También se decidió que todas las logias regulares recibiesen de la gran logia unos estatutos. Dos años después, en 1723, el pastor protestante James Anderson (hijo de un maestro pasado escocés) redactó las constituciones de la gran logia, que establecían las reglas, obediencias, códigos y procedimientos. Dichos principios se han mantenido hasta hoy prácticamente inalterados.

Ha habido numerosas especulaciones acerca del gran éxito que alcanzó esta gran logia. En particular, ¿por qué razón tantas logias aceptaron sin reservas someterse a un pequeño grupo de masones del centro de Londres y a sus condiciones y dictados de comportamiento? ¿Por qué aceptaron, incluso, pagarles una cuota por semejante privilegio? Los autores Michael Baigent y Richard Leigh sugieren una posible respuesta. En una secuela de su *bestseller The Holy Blood and the Holy Grail* (que Dan Brown retomaría como historia en su éxito *El Código Da Vinci),* dirigen la atención hacia los templarios, los escoceses y los francmasones. Su obra, titulada *The Temple and the Lodge,* busca la causa de la expansión de esta gran logia en la frustrada revuelta jacobita del norte de Escocia en 1715 contra la nueva dinastía real inglesa: la casa de Hannover. Las raíces escocesas de la francmasonería son profundas y la agitación tras la revuelta siguió hasta 1717.

Estos autores afirman que, en aquella época, la francmasonería tenía muchas papeletas para ser acusada de conspiración sediciosa y projacobita (que es lo que era en Francia, donde se habían refugiado los jacobitas y donde continuó teniendo tal carácter). En un intento por dejar clara su neutralidad, la Gran Logia permitió a las logias propugnar sus políticas antirreligiosas, antipolíticas y antirrevolucionarias, y declararse pertenecientes a una entidad cuyo propósito indudable era reforzar el buen comportamiento y el sentido de la lealtad. Al mismo tiempo, permitió a las logias distanciarse de su pasado escocés. Así fue cómo la Primera Gran Logia de Inglaterra adoptó el escudo de armas de la Compañía de la Librea de Londres y se estableció como un movimiento centrado en Londres con siglos de historia local a sus espaldas.

Visto así, el establecimiento de la Gran Logia no habría supuesto una imposición o gravamen para las demás logias masónicas, sino un escudo protector de vital importancia a un precio módico, sobre todo siendo su adepto más antiguo un prominente miembro de la familia real. Además, si lo que se perseguía era evitar que la francmasonería fuera acusada de conspiración sediciosa, no sorprende que se prohibiesen radicalmente las discusiones políticas o religiosas en las asambleas de las logias y que se retirasen los detalles asociados a creencias religiosas. Si el movimiento hubiese parecido partidista en el letal debate entre los católicos y los protestantes, las consecuencias podrían haber sido catastróficas. Cuando se hizo patente el éxito de la Gran Logia de Inglaterra, el resto de las Islas Británicas no tardó en seguir su ejemplo. En 1725 se creó la Gran Logia de Irlanda y, en 1734, la Gran Logia de Escocia. En Estados Unidos, la Gran Logia de Pensilvania obtuvo sus estatutos en 1731.

Al mismo tiempo, los rituales y demás detalles del Oficio iban tomando forma rápidamente. Muchos términos masónicos modernos aparecen en manuscritos escoceses de principios del siglo XVIII; otros términos de la masonería aparecieron en numerosos artículos de la prensa inglesa. Probablemente, el tercer grado de maestro masón se incorporó al movimiento alrededor de 1725, se cree que de la mano del antiguo gran maestro John Theophilus Désaguliers. En 1730, se publicó el primer libro que narraba en detalle los rituales masónicos, *Masonry Dissected* (*Masonería Disecada*), escrito por Samuel Prichard. Hasta ese momento, el modo de transmitir los rituales era aprendiéndoselos de memoria; pero el libro de Prichard estabilizó la situación y los dotó de una mayor uniformidad. En la actualidad, los estudiosos de la masonería conceden gran valor a esta obra como explicación de la evolución de los rituales.

A partir del año 1720, la francmasonería comenzó a extenderse por todo el mundo, viajando con los soldados, mercaderes y colonos ingleses. También Francia, donde los exiliados y refugiados escoceses seguían celebrando asambleas en sus logias, presentaba una actividad masónica considerable. Durante bastante tiempo, los católicos jacobitas aprovecharon el movimiento masónico francés para promover represalias y venganzas contra el estado inglés pero, poco a poco, esto fue cambiando.

John Theophilus Désaguliers, el antiguo gran maestro, aceptado como el padre de la ceremonia moderna del tercer grado.

El interés por conservar las formas rituales antiguas de las logias operativas escocesas contribuyó en gran medida a conformar el rito escocés, que surgió en Francia en el segundo cuarto del siglo XVIII. La estructura y los detalles de los tres primeros grados del rito escocés (que, aunque existen, se trabajan muy raramente hoy en día) se diferencian de los tradicionales grados azules del rito de York. Mayoritariamente amparadas bien por una de las tres grandes logias británicas, bien por el Gran Oriente de Francia (1736), continuaron surgiendo por todo el mundo nuevas logias o grandes logias y llegaron a China en 1767 y, por último, a Australia en 1820.

Los antiguos y los modernos

Durante ese periodo también se forjaron ciertos problemas. La Primera Gran Logia de Inglaterra tenía una sección caritativa ya en 1724. En parte debido a la Revolución Industrial, pronto se vio desbordada por las crecientes oleadas de masones pobres de Irlanda y Escocia que solicitaban limosna. El libro de Prichard agravó la situación al desvelar las palabras secretas masónicas, de modo que la logia recibió numerosas peticiones de socorro fraudulentas. La reacción de la Gran Logia no fue muy acertada, al decidir unilateralmente modificar sus palabras y señales rituales secretas. Informó de las mismas a sus logias regulares, pero excluyó a los masones irlandeses y escoceses. Así pues, irlandeses y escoceses quedaron al margen tanto de las reuniones masónicas como de las ayudas caritativas.

Esa decisión (prácticamente en contra del espíritu benefactor de la masonería) pasó factura a la Primera Gran Logia de Inglaterra, que se ganó la desaprobación de algunos de sus propios miembros. Así, surgieron grupos disidentes y las logias inglesas que aún no habían recibido el reconocimiento de la Gran Logia se mostraron reticentes a obtenerlo. Finalmente, un grupo de logias constituyó una entidad rival en 1751, a la que llamaron Gran Logia de Inglaterra. Acusaron a la Primera Gran Logia de modificar detalles importantes de la tradición y de haber perdido el espíritu de la francmasonería, y adoptaron unas constituciones que retomaban las formas antiguas (que los masones que habían emigrado podían reconocer y de las que se podían beneficiar). Afirmaron utilizar material más antiguo y de mayor tradición y adoptaron el calificativo de «antiguos», mientras que apodaron «modernos» al otro grupo, cronológicamente más antiguo pero de formas más modernas.

Los antiguos no tardaron en mostrar su generosidad a los hermanos que habían sido privados de sus derechos por la otra logia, y admitieron a miembros de estratos sociales bajos mucho antes que los modernos. Además, crecieron rápidamente y adquirieron fuerza suficiente para convertirse en serios rivales de la Primera Gran Logia. Laurence Dermott, gran secretario de los Antiguos en 1756, demostró ser muy influyente. Elaboró unas constituciones y amplió el ritual del Arco Real que acababa de nacer.

Los antiguos usaron el Arco Real como cuarto grado, mientras que los modernos se aferraban a sus tres grados; pero incluso en eso surgió la controversia. Un número considerable de masones modernos eran partidarios del Arco Real. Así, proliferaron nuevos grados y nuevas revisiones, también entre los masones escoceses de Francia, en las logias americanas, etc. Se estima que hubo un momento en el que llegaron a existir hasta 1.400 grados masónicos diferentes, muchos de ellos con un simbolismo regional específico. La gran mayoría desapareció pronto y no tuvo mucha importancia. No obstante, esa situación sirvió para poner de manifiesto cuáles eran los principios realmente influyentes en la masonería.

Condecoración del Arco Real de 1924. Está chapada en plata y se llevaba en las asambleas de los masones del Arco Real.

Los pliegos estatutarios de las logias bajo la Gran Logia de Inglaterra (1730) dan fe de la rápida expansión de la francmasonería.

Finalmente, las dos grandes logias rivales se unieron. En 1813, el conde de Moira habló a los dos grandes maestros rivales, el duque de Sussex (modernos) y el duque de Kent (antiguos) y los convenció para que discutiesen sus diferencias. Seguramente, esto no fue la hazaña que podría parecer a simple vista, ya que ambos duques eran hermanos. Un grupo independiente había analizado la situación desde 1809 y contaba con abundante material sobre las diferencias existentes entre ambas partes. Los dos hermanos se sentaron con un grupo de expertos doctrinales y apostaron por unificar posiciones, aunque a menudo a favor de los antiguos. Así fue como esas dos grandes logias se fusionaron formando la Gran Logia Unida de Inglaterra. Fue necesario reconciliar numerosos detalles y elementos rituales, pero la mayoría de obediencias y formas rituales establecidas en aquel cónclave se siguen empleando hoy en día en la francmasonería del mundo entero (el cisma entre la francmasonería continental y la francmasonería anglosajona no tendría lugar hasta 1868).

El impacto de la francmasonería

Una de las primeras cosas que todo masón neófito aprende es la importancia de mantener la paz, evitar toda acción que pueda desestabilizar a la sociedad y abstenerse de debatir cuestiones políticas en la logia. A su vez, los nuevos venerables maestros deben jurar unas obediencias, una de las cuales prohibe involucrarse en tramas que atenten contra el gobierno. Los *Estatutos Escoceses de Sinclair* reconocen el sometimiento a la corona y en el *Manuscrito Buchanan* del siglo XVII se establece el deber de informar al rey sobre posibles actos de traición. En las constituciones de Anderson, adoptadas por la Primera Gran Logia de Inglaterra, se dice que el masón «no debe tomar parte ni dejarse arrastrar por los motines fraguados contra la paz y la prosperidad de la Nación».

La prohibición es absoluta y no deja lugar a dudas. No obstante, no se adecua a la tradición histórica. Los padres fundadores de los Estados Unidos actuales —líderes de la revolución, redactores de la Constitución y de la Declaración de Independencia— fueron orgullosos rebeldes y, en su mayoría, francmasones. Los principales instigadores políticos de las etapas tempranas de la Revolución Francesa eran francmasones que incluso adoptaron el lema francmasón de «libertad, igualdad y fraternidad». Las revoluciones que sacudieron a América Central y del Sur desde finales del siglo XVIII hasta el XIX fueron fruto de francmasones como Simón Bolívar, José de San Martín, Vicente Guerrero y Benito Juárez. Las constituciones contienen la cláusula de que no se puede excluir de la sociedad a un francmasón que fomente la revolución, si bien establecen que no se debe aprobar su rebelión; sin embargo, cualquier otro tipo de actividad ilegal puede (y, de hecho, suele) ser motivo de expulsión.

Lo cierto es que la francmasonería, con sus principios de igualdad y justicia, ha sido un importante factor impulsor de cambios sociales. Como ya hemos visto, parece que la

El gran grito de guerra de la Revolución Francesa, al igual que sus ideales, fue tomado de las enseñanzas de la francmasonería.

prohibición de entablar debates políticos en las logias se instauró por primera vez como medida preventiva a modo de declaración de neutralidad de la francmasonería durante las revueltas jacobitas. Pero la doble vertiente de su actitud merece posterior revisión, al igual que el concepto de libertad como contrapuesto a tiranía.

La política y el poder

Según los registros escritos de las logias, la libertad era un asunto muy inquietante para los masones del siglo XVIII. Adoptaban la noción que el filósofo John Locke definió en su obra *Dos ensayos sobre el gobierno civil*, de finales del siglo XVII. Locke puede o no haber sido masón (hay pruebas en ambos sentidos), pero en esa época se creía que lo era. También está claro que pertenecía a la Royal Society, lo que implicaba un contacto con eruditos francmasones y sus ideas. Se sabe también que era amigo de Robert Boyle.

Locke defendía que un buen gobierno suponía un acto de confianza, un pacto para preservar la seguridad de los ciudadanos y de sus propiedades. El poder político debía estar en equilibrio con las libertades esenciales de los ciudadanos. Según Locke, sin un consentimiento previo no podría existir obligación de obediencia civil; si la confianza fallaba y el gobierno dejaba de promover las libertades para pasar a restringirlas, la ciudadanía tendría pleno derecho a decidir que el pacto se había roto. Éstos eran los pilares de su definición de la libertad. Sin ella, el estado sería una tiranía: «El ejercicio del poder más allá de la ley». Decía Locke que era preferible que los gobernantes encontrasen oposición de vez en cuando a que el pueblo soportara tiranía alguna; si se hacía un mal uso del poder, los ciudadanos debían rebelarse.

Dadas las proscripciones masónicas, un francmasón tendría que respetar y obedecer a cualquier poder político, aunque se tratara del más vil de los tiranos. Y esto en contravención directa del resto de enseñanzas masónicas, que reclaman la libertad para evolucionar y ayudar a los demás. La francmasonería gira alrededor del perfeccionamiento de uno mismo y del mundo, y el sometimiento a la tiranía contraviene todo por lo que ésta lucha. Sólo los hombres libres pueden pertenecer a la francmasonería y en una dictadura no hay hombres libres. Por tanto, la francmasonería se opone a la tiranía por definición. Sin seguir al pie de la letra las constituciones,

Este cuadro representa a un grupo de masones que discuten animadamente sobre los problemas del mundo.

el precepto sobre la obediencia se debe interpretar sólo como delimitado a los gobiernos «legítimos» en el sentido que mencionaba Locke; es decir, a los que preservan la libertad. Si se traiciona la confianza depositada en el poder, ese precepto queda igualmente anulado.

A pesar de las constituciones, el mismo corazón de la francmasonería poseía cierta tendencia subversiva o, al menos, eso creían las monarquías europeas de la época.

A principios del siglo XVIII, Inglaterra tenía una posición excepcional. Tras las revueltas de 1640 y 1688, pasó de una monarquía feudal a la limitada democracia de un gobierno parlamentario. La francmasonería inglesa se mantuvo tranquila para cubrir la necesidad de respetabilidad. En el continente europeo, era conocida la historia jacobita de la francmasonería llegada a Francia desde Escocia. Sus vínculos ingleses quedaban así lejos y no se la asociaba, por tanto, con revueltas, parlamentos o democracias. Ser inglés equivalía automáticamente a ser sospechoso. No obstante y a pesar de haber recalcado esos vínculos escoceses, los europeos empezaron a sospechar que la francmasonería tenía intenciones democráticas. Cuando la Iglesia Católica la condenó en 1738, alegó que lo hacía por su imitación de ciertos aspectos de las repúblicas considerados escandalosos (incluido el derecho a elegir a sus líderes y a destituirlos cuando fuera necesario).

Debates y doctrinas

Determinados aspectos de la nueva sociedad británica penetraron en la experiencia masónica. Sus miembros mantenían reuniones sociales como individuos, libres de las ataduras inherentes a su estatus. A diferencia de otras estructuras sociales de la época (la familia, la escuela, los tribunales, etc.), la francmasonería no hacía distinción en función del rango o las convenciones sociales. Aunque, tras las revueltas del siglo XVII, la interacción entre los diferentes estratos sociales en Inglaterra se había relajado bastante, la francmasonería seguía estando a otro nivel.

Muchos francmasones de la época procedían de las clases sociales instruidas y cultivadas y, en su mayoría, pertenecían al 20 % más acaudalado de la población masculina, con ingresos pasables (aunque también había algún miembro menos afortunado), y todos ellos tenían derecho a voto. Sus principales diversiones eran los debates y la lectura, a veces acompañados de ágapes abundantes. Eran capaces de evaluar, debatir y plantear hipótesis. Dentro de la estructura de la francmasonería, crearon una forma de gobierno justa, con derechos y leyes, en la que se celebraban elecciones, se designaban representantes y se establecía la soberanía y los medios para rectificarla en caso necesario. Las logias se convirtieron en una escuela funcional sobre gobiernos democráticos satisfactorios. Además, los hombres allí formados tendían a hablar después con sus amistades y exponerles sus teorías.

Casi sin darse cuenta, con su hincapié en las doctrinas de perfeccionamiento y cultivo personal y a través del desarrollo de esos sistemas funcionales de autogobierno, enseñaron a los miembros más influyentes de la sociedad cómo gobernar un país de manera justa, con libertad. Los miembros de las logias se acostumbraron a los principios y deberes de un ciudadano libre (más que de la ciudadanía como colectivo) y vieron que éstos funcionaban muy bien en las asambleas. La francmasonería no tuvo intenciones políticas, entendiendo la política como enmarcada en una ideología política partidista. Pero los asuntos civiles eran otro cantar. La lucha por la libertad frente a la tiranía no se consideraba política sino, más bien, parte de la necesidad fundamental del hombre de preservar su libertad.

La idea de un gobierno por acuerdo, en un marco constitucional, que estableciera la autoridad y la jerarquía sin los privilegios tradicionales, estaba implícita en la

Este cuadro, marcadamente alegórico y lleno de simbolismo, muestra al espíritu de la francmasonería en el momento de impartir sabiduría e información al pueblo.

masonería. Ésta no necesitaba permitir expresamente el debate político; su existencia ya implicaba una dialéctica política entre sus miembros. En esencia, era política y su doctrina se correspondía con lo que después se conocería en Europa como la Ilustración.

El pensamiento ilustrado sostenía que los viejos sistemas eran irracionales, estaban repletos de dogmas religiosos y marcados por una tradición que establecía diferencias y privilegios. Las vías de escape a esos sistemas eran el conocimiento, los hechos y el estudio de las artes y las ciencias liberales. Y, tras esas vías, se escondía la autonomía de la razón. La lógica, presente en el mundo desde la época griega, se combinaba con el sentido común, la observación directa y la inclinación por la libertad y el escepticismo racional. La lógica podía caer en la confusión o pretender explicar lo absurdo; por contra, cuando la razón se enfrentaba a lo absurdo, como tal lo definía. La lógica

La ilustración muestra a un candidato a la iniciación que es conducido ante los miembros de una logia francesa.

ofrecía paradojas como la de la tortuga de Zenón, según la cual una flecha no podría alcanzar a una tortuga porque, cuando llegase hasta donde se encontraba la tortuga, ésta ya habría avanzado. La razón afirmaba que la flecha siempre daría en un blanco, y no había más que plantearse.

Expansión global

En 1725, la francmasonería estaba establecida en Francia y Holanda. Las logias abrazaron los nuevos valores culturales británicos e introdujeron las nociones de tolerancia, mezcla libre de clases sociales, prevalencia del trabajo y del mérito por encima de la cuna y creación de los gobiernos mediante una constitución. Se veía claramente que el pensamiento ilustrado era inherente a las logias. Y ello sin labores de predicación o proselitismo; era una simple muestra práctica de un sistema que funcionaba. Francia todavía estaba bajo los efectos de la muerte de Luis XIV en 1715; los 72 años de reinado de este monarca fueron

despedidos con celebraciones y, debido a la fascinación que la nobleza francesa sentía por las costumbres inglesas, la francmasonería se asentó con facilidad.

Sin embargo, los gustos franceses eran distintos de los ingleses. A los franceses les atrajeron el misterio histórico, las alegorías y las nobles aspiraciones espirituales del Oficio. Por doquier florecieron ritos, mitos y numerosos grados nuevos. La francmasonería que se asentó como parte integrante de la sociedad francesa era un camino hacia el perfeccionamiento y la exploración personal. Los ingleses sentían respeto por la francmasonería; los franceses, pasión. La influencia de su doctrina se dejaba sentir en la sociedad francesa. Pero su gran logro fue la conciencia de unidad social que consiguió inspirar en el país.

Francia siempre había sido una nación de regiones muy divididas. Sus costumbres, sus supersticiones y sus dialectos e incluso ciertas nociones abstractas, como son las unidades de medida, cambiaban de una región a otra. La justicia era local y la clase marcaba una clara distinción. La francmasonería, en cambio, ofrecía un mismo derecho para todo el país, acogiendo a todos, sin prejuicios sociales, religiosos, regionales o nacionales. Las ventajas de la fraternidad estaban claras y su espíritu creció rápidamente. La francmasonería y la Ilustración se convirtieron en fuerzas sociales dominantes, que ofrecían a las gentes una alternativa frente al estancamiento de los viejos sistemas.

La francmasonería francesa jamás tuvo un claro propósito revolucionario. Pero, al igual que en Inglaterra, sus estructuras y convenciones eran la prueba de que existían sistemas mejores y el pueblo francés se fijó en ellos. Los principios masónicos de libertad, igualdad y fraternidad se convirtieron en las piedras de toque de un pueblo cuyos gobernantes eran famosos por su pérdida de contacto con la realidad. La idea de aceptar la igualdad como base de un sistema mejor, un sistema justo, provocó un cambio radical en la estructura intelectual y social del país. La burguesía había demostrado que podía unirse a las masas trabajadoras en igualdad de condiciones.

Por fin, la Revolución Francesa llegó y acabó con la mayoría de la nobleza (fue imposible detener tantos años de fuerte resentimiento). Alentado por el ejemplo francés, el Siglo de las Luces se expandió por Europa. Una de las mayores ironías es que, en Gran Bretaña, el descuidado fervor revolucionario había desembocado en una especie de término medio del feudalismo. Tras una breve república parlamentaria, se restableció la monarquía y la nobleza se mantuvo; si bien el poder monárquico se vio restringido por la voluntad del pueblo. Así pues, la suave naturaleza de la Revolución Inglesa contribuyó a crear la francmasonería, pero donde sus ideas tuvieron un peso desconocido para Londres fue en el continente. La Ilustración acabó con la mayoría de las monarquías europeas, pero la de Inglaterra se mantuvo intacta y constitucionalmente operativa.

Mientras tanto, en Estados Unidos, las trece colonias británicas eran mucho más propicias a la división que en Francia. Las colonias tenían gobiernos independientes, sus tendencias religiosas eran diferentes, sus principios sociales eran muy diversos y, además, los colonos procedían de distintas naciones. Todas ellas estaban recelosas de las demás. La francmasonería era el único punto en común. Ésta caló rápidamente entre las clases sociales más altas, igual que en Europa —porque ofrecía un punto de contacto, una base de organización y una vía de escape social—, y sus enseñanzas fueron las mismas: fraternidad, igualdad y justicia. En sus viajes por las colonias, los

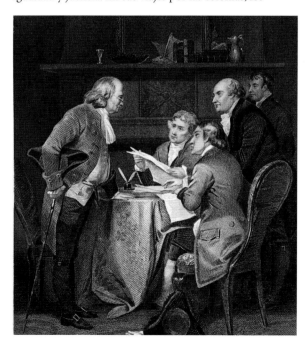

El maestro masón Benjamin Franklin con sus colegas, redactando el borrador de la Declaración de Independencia americana.

mercaderes, soldados y oficiales observaron la calurosa acogida que las logias ofrecían y el clima de fraternidad reinante en ellas. Los miembros más filantrópicos de la sociedad se habían acercado a las logias, donde siempre se ofrecía consejo, información local y ayuda. Poco a poco, las logias inspiraron entre las colonias algo totalmente nuevo para ellas: un sentimiento de unidad.

El primer gran defensor de la francmasonería en las colonias fue Benjamin Franklin. Su periódico, publicado en todas las colonias, era una potente herramienta con la que propugnar los ideales masónicos. Desde 1750, el gobierno británico comenzó a cercenar los derechos de los colonos, lo que provocó el fortalecimiento de la unión entre ellos. El concepto de unidad nacional fue ganando fuerza con la francmasonería a la vanguardia como única vía de intercambio de puntos de vista entre las colonias.

Como es bien conocido, fue en Boston donde saltó la chispa. Los mercaderes puritanos de esa ciudad estaban en contra de los ingleses y de los impuestos y restricciones que éstos habían decretado sobre sus mercancías. La Logia de San Andrés de Boston se reunía en una taberna llamada Green Dragon y, en 1733, su venerable maestro era el cirujano Joseph Warren, íntimo amigo de Benjamin Franklin. Entre los miembros de la logia se encontraban Paul Revere y John Hancock. En la tarde del 16 de diciembre de ese año, un grupo de hombres enmascarados dejó la taberna Green Dragon y se encaminó al puerto. Allí, asaltaron varios barcos mercantes y tiraron por la borda unas 350 partidas de té inglés. Después, regresaron a la Green Dragon entonando alegres cánticos. Jamás se descubrió la identidad de esos hombres, pero en los registros de la Logia de San Andrés ha quedado constancia de la reunión que tuvo lugar aquella misma tarde (aunque lo único que se sabe es que se reunieron, nada más).

Cuando despegó la revolución, fue George Washington quien creó casi de la nada al ejército colonial. Él dirigió la revolución, a pesar de la inferioridad de sus hombres con su escaso armamento, de nula preparación militar, hambrientos y descalzos. Masón desde hacía tiempo, se sabe que se refería a la influencia que la francmasonería tenía en todas las colonias como «el cemento que nos une». En el ejército colonial existían logias militares; de hecho, se dice que George Washington las visitó todas personalmente para infundirles valor, esperanza y moral.

Las partidas de té de Boston que los estadounidenses tiraron al mar desencadenaron la Guerra de la Independencia Americana. ¿Serían los masones de la taberna Green Dragon quienes emprendieron esa revolucionaria acción?

Mientras tanto, Benjamin Franklin viajó a Francia en busca de ayuda para el conflicto. Al toparse con una cordial apatía por parte de los franceses, Franklin se unió a una nueva logia de gran influencia, conocida como la Logia de las Nueve Hermanas y, después, logró que ésta celebrase la iniciación de Voltaire, héroe del pueblo francés. Al terminar la ceremonia, los dos se fundieron en un abrazo y tanto se habló de él, que en numerosas ocasiones les pedían que lo repitiesen cada vez que aparecían en público. Franklin aprovechó de manera magistral esa publicidad y el interés suscitado y, finalmente, se ganó al pueblo, consiguiendo por fin la ayuda que las colonias necesitaban.

Una vez acabada la guerra, quienes se encargaron de elaborar la constitución y la Declaración de Independencia eran francmasones en su mayor parte. Hicieron todo lo posible para consagrar los principios de justicia y libertad legítimas en una constitución irrefutable. Que las empresas y el gobierno tardasen más de doscientos años en eliminar dichos principios es un asombroso testimonio de la influencia que la francmasonería tenía en esa sociedad.

En cada lugar donde caló, la francmasonería introdujo los conceptos de igualdad, fraternidad y libertad. Esos principios, demasiado fuertes como para ser contenidos fácilmente, inspiraron reformas, revoluciones y cambios sociales. Animaron a Simón Bolívar a liberar a seis países de la dominación de España. A pesar de su prohibición de entrar en debates políticos, debido a su propia naturaleza la masonería ha desempeñado un gran papel en las reformas sociales y la implantación de la libertad en todo el mundo.

3

Simbolismo, el corazón sagrado de la francmasonería

El viaje al interior de las enseñanzas simbólicas de la francmasonería es un viaje que dura toda una vida. Sólo la profundidad y la riqueza de los grados principales darían para escribir un libro tras otro si se deseara examinarlos a fondo. Si, además, se añaden las influencias de las distintas tradiciones históricas y culturales sobre las que se sustenta, la complejidad del tema se vuelve tan sutil que es prácticamente imposible interpretar la masonería de manera precisa y objetiva. De necesidad, la francmasonería supone un viaje personal para cada uno de sus miembros. Pero el simbolismo y las enseñanzas de los tres grados (tanto literales como simbólicos) representan la estructura y el viaje de los misterios sagrados de la masonería. Todo lo que el candidato necesita saber se encuentra en ellos. Además, forman un todo coherente y majestuoso: una lección única que ha sido enseñada en escuelas místicas de todo el mundo a lo largo de la historia.

El elemento central decorativo de este mandil del rito escocés simboliza el corazón de la francmasonería y los misterios y maravillas que contiene.

El aprendiz aceptado

La tradición establece que nadie debe ser invitado a entrar en la francmasonería; quien desee pertenecer a ella debe tener el suficiente interés como para solicitar su admisión. Originariamente, el aspirante debía solicitarla tres veces en tres ocasiones distintas; el masón al que se lo pedía podía no darse por enterado las primeras veces: una dura prueba para comprobar el grado de interés del neófito. Hoy en día, esto ha cambiado, pero aún sigue siendo común que los miembros rocen de soslayo el tema de la membresía con sus amigos y colegas en lugar de mencionarlo abiertamente. Un neófito debe convertirse en masón dentro de su propio corazón en primer lugar.

Antes de ser admitido, se «prepara» al aspirante despojándolo de determinados elementos y vistiéndolo con prendas y objetos simbólicos. Esto es un acto de fe y buenas intenciones por el que, simbólicamente, el candidato queda reducido a la esencia de su ser, libre de cualquier atadura de clase, económica o social. Debe entrar en la logia libre de influencias perturbadoras; así pues, debe dejar fuera todo objeto de metal y también sus prejuicios y sus pasiones descontroladas. Después, aún debe emprender el último acto solicitando su admisión, y así abandonar el papel pasivo para adoptar uno activo.

Las grandes luces de la masonería

Por supuesto, entrar en el taller de la logia, en la «luz de la francmasonería», es un acto solemne. El nuevo candidato se convierte en aprendiz y, como tal, tiene mucho trabajo. Conseguirá realizar progresos y obtendrá recompensa, y se le entregarán unas herramientas de trabajo (no unos juguetes). La calurosa acogida que se presta al candidato en la logia simboliza la seriedad del paso que éste da. Debe darlo sin titubear, pero sin apresurarse; con valentía.

En la ceremonia de iniciación, se conduce al candidato alrededor del taller varias veces, siguiendo unos recorridos en círculo. Esto permite a los miembros examinar al candidato y decidir que está preparado. Simbólicamente, representa el trayecto del sol por el cielo junto a la noción de caminar por un laberinto que separa a las personas respetables de las que no lo son. También sirve para alinear correctamente al aspirante en el mundo interior de la logia.

En un momento dado, el candidato se acerca al altar. En el corazón de la logia, igual que Dios es el alma, el altar simboliza la fe, la luz, la consagración, el culto y la obediencia a Dios. El candidato presta un juramento ante el altar y, por tanto, ante Dios además de ante la logia, de modo que queda doblemente obligado. El juramento pone de manifiesto los deberes, derechos y expectativas del candidato; a un nivel más profundo, simboliza una relación personal con Dios (en épocas anteriores, eran habituales los pactos con la deidad personal de cada uno).

En el altar, el candidato se encuentra por primera vez cara a cara con las grandes luces de la masonería: el volumen de la ley sagrada, la escuadra y el compás. En el mundo anglosajón, se suele emplear la Biblia del rey Jaime como volumen de la ley sagrada. Si el credo particular de un candidato requiere que se utilice otra escritura sagrada, éste debe comunicárselo a la logia para que se haga con él. Las logias cuyos miembros no sean cristianos usarán un libro distinto a la Biblia. La Biblia recuerda la necesidad de que nuestra fe guíe nuestra conducta y comportamiento, y sirve para destacar la importancia de la relación de los seres humanos con lo divino. La escuadra representa la honradez, la verdad y la moralidad; de hecho, en la lengua inglesa como en otras, se han acuñado muchas expresiones con las palabras escuadra o nivel cuyo significado tiene que ver con la ausencia de engaño, con la justicia (*square dealing*, «trato justo»; *on the level*, «legal»; *all square*, «en iguales condiciones»; *fair and square*, «de manera justa», etc.). El compás representa la habilidad, el conocimiento, la compostura y es un símbolo de exclusión: deja fuera de los trazados del círculo a las cosas dañinas y al egoísmo, garantizando así la buena fe en el interior.

El símbolo más famoso es el conjunto formado por la escuadra y el compás. Dicho conjunto se representa en algunos territorios anglosajones con la letra «G» en el centro (la inicial de Dios en inglés y la inicial de *geometría* o de *gematría*). Ambas herramientas se colocan juntas sobre el volumen sagrado; la escuadra representa la piedra y la tierra, y el compás, los arcos del cielo; la combinación de esos tres objetos recuerda la voluntad de Dios en la creación del cielo y la tierra. El hecho de que este símbolo esté compuesto por tres elementos se puede interpretar como un paralelismo de los tres grados simbólicos: el primero es el cuerpo, el segundo la mente, y el tercero el alma (en correspondencia con la escuadra, el compás y el volumen sagrado). O también se pueden entender como simbolismo de los tres mundos de consciencia de la Cábala.

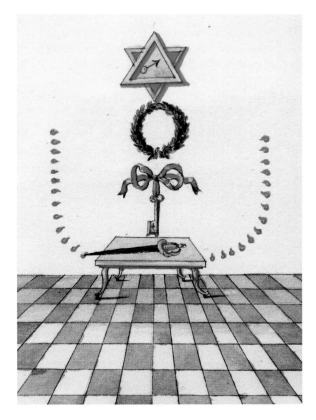

En esta ilustración artística del altar masónico se representa
el simbolismo más profundo del Oficio.

Blasonando un libro, la escuadra y el compás representan la
voluntad de Dios y su maestría en la creación del cielo y la tierra.

El mandil y las herramientas

Después, se ofrece al candidato el segundo símbolo más
famoso de la masonería: el mandil. Se presenta al principio
como una cubierta de piel de cordero blanca, y simboliza
la inocencia, la virtud, la resurrección, el trabajo y el arte
del constructor. Además, enlaza con el concepto de
iniciación de muchos cultos misteriosos de los antiguos
pueblos de Grecia y Egipto. Mediante unos vínculos más
arcanos, se pueden interpretar otras asociaciones con
la purificación, el sacrificio, la energía y el crecimiento.
Tiene una forma rectangular rematada con un triángulo, y
contiene el simbolismo de los números 4 y 3, que suman 7
(números asociados a los temas masónicos fundamentales).

Después de entregarle su mandil, se muestran al nuevo
aprendiz todas las herramientas de trabajo que,
supuestamente, emplearon los antiguos canteros

cualificados en su labor. El principal poder simbólico de
las mismas reside en que marcan cuándo y dónde puede
iniciar un aprendiz su perfeccionamiento. Cada uno
de los grados posee sus propias herramientas de trabajo
y la naturaleza de las mismas refleja la naturaleza del
trabajo de perfeccionamiento personal en cada grado.

Las herramientas de un aprendiz son un calibre de
24 pulgadas y un mazo corriente. El calibre es una regla
articulada en tres secciones que representan el día y cómo
se debe emplear el tiempo (ocho horas para el trabajo
normal, ocho horas de culto, caridad, perfeccionamiento
personal y ayuda a los desamparados, y ocho horas de
sueño). El mazo corriente es un mazo de piedra que sirve
para limar los cantos ásperos de la piedra. El simbolismo
no podría estar más claro. El trabajo del aprendiz consiste
en suavizar sus propios cantos, eliminando los vicios y

Un venerable maestro muy condecorado en su trono. El mazo simboliza su autoridad en la logia, mientras que los globos que adornan las barras del respaldo de su asiento hacen de éstas un símbolo de las columnas de Salomón.

lujos innecesarios. Comparadas entre sí, la primera es una herramienta pasiva de cálculo y medición para decidir lo que hace falta mantener, y la segunda es una herramienta activa de aplicación de fuerza para eliminar lo que sobre.

Las joyas inmóviles y las joyas móviles

Una vez que se le han mostrado sus herramientas, el aprendiz se sitúa simbólicamente en la esquina noreste del taller. Tradicionalmente, en esa esquina suele encontrarse la piedra angular de los edificios, es decir, la primera piedra que se coloca. El aprendiz se convierte en su propia piedra angular, en la base sobre la que fundará el templo en su alma. La masonería considera el norte como el lugar de la oscuridad y el este como fuente de luz, de modo que, situando al aprendiz en la esquina noreste, la logia reconoce que se está acercando a la luz pero que aún le queda camino por recorrer.

Llegados a este punto, el venerable maestro explica el simbolismo de la logia, desde determinados detalles del propio taller hasta las virtudes cardinales de la masonería. La logia debe tener una forma (ideal) oblonga, a modo de dos cubos colocados uno junto a otro, siendo más larga que ancha. Longitudinalmente, debe estar orientada de este a oeste y, a lo ancho, de norte a sur. El techo representa la bóveda celeste. El maestro se sitúa en el oriente, ya que se le considera fuente de sabiduría e instrucción.

Las tres columnas sobre las que se sostiene la logia (que representan la sabiduría, la fuerza y la belleza) se corresponden con las tres pequeñas luces de los oficiales principales (el venerable maestro, el primer vigilante y el segundo vigilante) y también con las denominadas joyas inmóviles. Éstas son la escuadra (moralidad), el nivel (equidad) y la plomada (rectitud), asociada cada una de ellas a una columna. También representan a los tres antiguos grandes maestros: el rey Salomón como ideal de sabiduría; el rey Hiram de Tiro como la fuerza que hizo posible la edificación del templo; e Hiram Abiff porque sus artes sirvieron para embellecer y adornar el templo.

El sol del atardecer se filtra por el ventanal del lado oeste de este hermoso taller de diseño clásico. Desde su asiento, situado en la parte oriental, ésta sería la vista de la que disfrutaría el venerable maestro.

Además de las inmóviles, existen tres joyas móviles, que son la piedra bruta, la piedra cúbica y la plancha de trazar. La piedra se refiere al material usado en la construcción y la plancha de trazar al soporte sobre el que el arquitecto plasmaba sus diseños. Representan el proceso de iniciación en los tres grados de la masonería: de los métodos rudimentarios y la falta de preparación del aprendiz a la virtud perfeccionada del compañero y a la construcción del templo en el alma propia del maestro masón.

Los ornamentos de la logia en la plancha de trazar del primer grado (con imágenes ricas en simbolismo) son tres. El pavimento ajedrezado en blanco y negro simboliza el mundo, con lo bueno y lo malo, la calma y el dolor, el amor y el odio, el progreso y la restricción. Se trata de un valle de lágrimas y nuestra misión es encontrar la salida. El cordel de unión alrededor del pavimento representa los triunfos que nos permiten sobrellevar el mundo y que esperamos alcanzar con ayuda de la estrella flamígera (la divina providencia).

La instrucción del primer grado

Por último, se revelan al candidato los tres principios de la francmasonería, sus cuatro virtudes cardinales, y las tres materias primas del aprendiz. Los principios y las virtudes no son elementos simbólicos sino enseñanzas morales directas. Los principios son el amor fraternal (considerar a la humanidad como una gran familia), el auxilio (sentir una compasión sincera y escuchar a los desdichados) y la verdad (ser recto y sincero). Las virtudes cardinales son la templanza, la fortaleza, la prudencia y la justicia.

Por último, las materias con las que se dice que los aprendices sirvieron a sus maestros son la tiza, el carbón

La estrella flamígera de cinco puntas representa a la divina providencia. En su centro, el ojo de Dios que todo lo ve, en alusión a su prodigalidad y amor.

Los ornamentos de la logia (el cordel, la estrella flamígera y el pavimento ajedrezado) forman un marco esencial en esta ilustración simbólica del principio masónico.

y el barro. Representan la libertad, el fervor y el celo respectivamente. La tiza es libre porque deja huella en casi todas las superficies; el carbón es fervoroso porque, una vez encendido, es capaz de fundir y vencer incluso a los metales más resistentes; y el barro es celoso porque nos sostiene sin titubear (como lo hace la tierra en general), nos proporciona aquello que necesitamos y nos recuerda constantemente nuestro carácter de mortales.

Lo más importante en el primer grado es conocerse y dominarse a sí mismo. Simboliza la transición de la niñez a la edad adulta, en la que entenderemos que el mundo no gira a nuestro alrededor y nuestra existencia pasará inadvertida. Requiere realizar un trabajo de autocontrol y purificación; las herramientas que le corresponden son las que el masón necesita para controlar su cuerpo y los caprichos e impulsos del mismo. Debemos aprender a

Sobre la cabeza del masón, el triángulo equilátero iluminado (en el que todos los lados y los ángulos son iguales). Simboliza la fuerza y la unidad de las partes que forman el todo completo.

dominar nuestros impulsos y conseguir que trabajen para nosotros en lugar de a la inversa. Sólo entonces tendremos la paciencia y constancia para dar el siguiente paso.

El compañero

Las enseñanzas del segundo grado están asociadas a la adquisición gradual del conocimiento. Además de ser un fin en sí mismo, un mayor conocimiento dotará al masón de mejores herramientas para progresar como persona y mejorar su sociedad. En particular, debe aprender las artes y las ciencias liberales clásicas, que conducen a la evolución de la mente. Sin embargo, el grado de compañero supone otras ventajas. Se trata de perfeccionar la mente y someterla al control de la personalidad, al igual que en el primer grado se trata de lograr controlar los impulsos y las emociones. Sólo quienes posean un dominio absoluto de sí mismos pueden aspirar a emprender la última tarea, la del perfeccionamiento del espíritu. En general, donde el simbolismo del primer grado refleja el renacer, los primeros pasos y la juventud, el segundo grado, considerado globalmente, representa la transición a la edad adulta espiritual e incluye símbolos asociados al tránsito, el progreso y la elevación.

De nuevo, el aspirante se prepara «debida y sinceramente» fuera de la logia. Este proceso presenta similitudes con el del primer grado, pero también notables diferencias. A lo largo de toda la estructura de los grados, uno de los elementos más recurrentes es el número tres. Cabe señalar que, simbólica y geométricamente, el tres representa al triángulo. Además, existen tres tipos de triángulos en función de sus lados y tres tipos de triángulos en función de sus ángulos. En la primera clasificación se incluyen los siguientes: el equilátero, cuyos tres lados son iguales; el isósceles, que tiene dos lados iguales; y el escaleno, en el que todos los lados son distintos. En función de los ángulos, existen los siguientes tipos: el triángulo obtusángulo, que tiene un ángulo mayor de 90 grados; el rectángulo, con un ángulo recto; y el acutángulo, cuyos tres ángulos son agudos, menores de 90 grados. Las diferentes interrelaciones entre los triángulos y las tres clasificaciones divididas a su vez en tres modelos guardan una clara relación con determinados elementos del proceso de preparación, además de con otras agrupaciones y combinaciones de tres elementos existentes en la logia.

La escuadra, el nivel y la plomada

Las herramientas de trabajo del compañero son las tres joyas inmóviles de la logia. La escuadra es una herramienta de medición de precisión; sus dos extremos se unen en un ángulo recto. El nombre de este ángulo se basa en que es el único sobre el que una línea (y, por tanto, un muro) se mantiene recta sobre su propio peso. La más ligera variación en tal ángulo hace que un muro esté descentrado y que, tarde o temprano, se desplome. Esta precisión representa la rectitud, la honestidad, la sinceridad y la moralidad.

La segunda herramienta, el nivel, simboliza la equidad. Con independencia de lo que cada cual haya recibido de nacimiento (estatus, talento, puntos fuertes y débiles, etc.), todos somos hijos de la divinidad y podemos aspirar a lo mismo que los demás. Todos somos iguales y la riqueza o el estatus social no son más que meras distracciones que nos apartan del trabajo del alma. Así, el nivel nos recuerda que el trabajo es fuente de dignidad y, especialmente, el esfuerzo en pos de la purificación y el perfeccionamiento.

Tradicionalmente, la plomada se emplea para comprobar la verticalidad de las construcciones. Por analogía, es símbolo de la rectitud. Dios le dijo al profeta Amós que aplicaría una plomada a su pueblo; la francmasonería considera este episodio como una advertencia simbólica que invita a juzgar a las personas basándose en los principios generales sobre lo que es correcto, y no en los principios individuales de cada cual. En otras palabras, debemos despojarnos de todos los prejuicios personales. Como medida personal, la plomada es una metáfora de la consciencia y del principio básico de la justicia: tratar a todas las personas justamente.

Las columnas del templo

Algunos elementos del diseño mítico del templo del rey Salomón son importantes herramientas simbólicas del grado de compañero. En el grado anterior, el aspirante presupone que la logia actúa de facto en una de las alcobas de la planta baja que albergan los muros de la logia. En cambio, para el candidato de segundo grado la logia se encuentra en la cámara intermedia, lo que implica el ascenso por una escalera de caracol hasta el segundo nivel.

A la entrada del templo del rey Salomón se colocaron dos columnas de bronce que simbolizaban la fuerza y la estabilidad. Estas columnas se representan simbólicamente

Siempre recta, la plomada mide con precisión y veracidad. Representa la consciencia y la justicia más elementales.

en todas las logias masónicas e implican el poder canalizado hacia la acción efectiva. Sin control, el poder se convierte en una anarquía destructiva; sin poder, el control resulta irrelevante. Ambos deben ir a la par para que la vida siga su curso. Algunos historiadores creen que las dos columnas del templo representaban a las dos columnas (la de la nube y la del fuego) que guiaron a los israelitas hasta la tierra prometida. Otros historiadores afirman que las columnas formaban una puerta de enlace entre lo profano y lo sagrado u otras dualidades. Desde el punto de vista de la interpretación masónica, las dos columnas idénticas ofrecen gran cantidad de material para la contemplación.

Los tres peldaños de Jacob hacia el cielo, que corresponden a la fe, la esperanza y la caridad, aún se representan en la primera sección de la escalera que conduce a la cámara intermedia.

Las columnas están coronadas por sendos globos que, a su vez, representan las esferas de la tierra y el cielo.

La escalera

La escalera de caracol por la que se accede a las alcobas de los pisos superiores alojadas en los muros externos del templo se encontraba en una esquina del templo de Salomón. En la masonería, la escalera es un complejo e intrincado símbolo de ascensión. En la actualidad, suele estar dividida en tres secciones: la primera de tres peldaños, la segunda de cinco y la tercera de siete.

Los tres primeros peldaños representan a los tres grados y, por extensión, a la combinación cuerpo-mente-alma, a los tres oficiales principales de la logia, a las tres virtudes teológicas (la fe, la esperanza y la caridad), etc. Originalmente, eran los tres peldaños (o los tres métodos verticales de ascensión) de la escalera de Jacob hacia el cielo. Las cuatro virtudes cardinales del primer grado están intrínsecamente relacionadas con las cuatro direcciones horizontales que señala el compás (guías para obrar en la tierra, al igual que las virtudes teológicas son guías para ascender a los cielos). El simbolismo de los números tres y cuatro también enlaza con la escuadra y el triángulo del mandil masónico. Así pues, todo guarda relación.

La segunda sección se compone de cinco peldaños y simboliza los cinco órdenes de la arquitectura clásica, que eran los sistemas que determinaban las proporciones, la ornamentación y las partes de una columna y, por extensión, eran los patrones para disponer los elementos de un edificio en un todo coherente. Los órdenes originales fueron los tres griegos: el dórico, el jónico y el corintio. Cada uno de ellos era independiente de los otros, diferente, y poseía características propias. Los romanos añadieron otros dos órdenes que sólo eran alteraciones menores de los órdenes griegos: el compuesto era como el corintio pero con ornamentación adicional al estilo jónico, mientras que el toscano era similar al dórico pero con una menor ornamentación (por ello se supuso que era anterior).

Los órdenes griegos son muy apreciados porque poseen una originalidad de la que carecen los órdenes romanos. Los peldaños también se refieren a los sentidos humanos. Al igual que en los órdenes arquitectónicos, en la masonería hay tres sentidos más apreciados y dos de menor importancia. La vista, el oído y el tacto se consideran esenciales, ya que permiten al iniciado percibir las señales, las palabras y los toques de reconocimiento. El olfato y el gusto se consideran menos relevantes. Lo cierto es que, en la vida real, la pérdida de la vista, el oído o el tacto supone una discapacidad grave, mientras que la pérdida del olfato o el gusto supone una tragedia personal, pero no implica una limitación funcional completa. Por tanto, los cinco peldaños suponen un conjunto de tres más dos. Esto enlaza con el símbolo del pentáculo como el microcosmos del hombre o con la desigual dualidad del sol sobre la luna. Se pueden observar, pues, muchos simbolismos.

La tercera sección, de siete peldaños, representa a las siete ciencias y artes liberales clásicas. Tradicionalmente, éstas eran la gramática, la retórica, la lógica, la aritmética, la geometría, la música y la astronomía. La geometría ocupa un papel destacado entre los masones. En sentido figurado, es un arte esencial para trazar y ejecutar un diseño arquitectónico o para acondicionar un terreno antes de emprender una obra de ingeniería. Sin la geometría, la arquitectura no sería posible, y la astronomía y la aritmética flaquearían considerablemente. El origen de las artes y las ciencias liberales data del siglo IV de nuestra era. Alcanzaron su apogeo en el siglo XII, cuando se las consideraba instrumentos necesarios para lograr un mejor entendimiento de Dios. Aparecen esculpidas en la puerta oeste de la Catedral de Chartres (Francia) y, de hecho, fue en Chartres donde se decidió que el cantero que dominara las siete artes tenía derecho a considerarse un arquitecto.

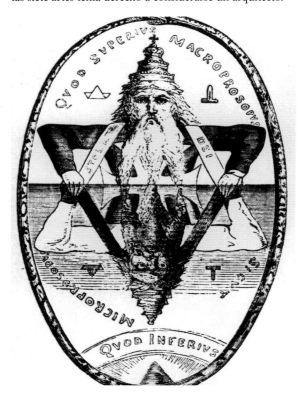

En este sello, lo mayor se refleja en lo menor —el macrocosmos en el microcosmos— y, del mismo modo, el estudio de la ciencia es un camino para entender la naturaleza de Dios.

A medida que el candidato sube por la escalera, asciende de la galería exterior a la cámara intermedia. De acuerdo con la leyenda masónica, poder subir por esa escalera suponía una marca de distinción y un mayor salario. A medida que cuajan las enseñanzas y el aspirante evoluciona, éste va abriendo las puertas que conducen a su cámara intermedia interior, en su propia mente.

Los tres salarios y las tres joyas

En la cámara intermedia, el compañero recibe el salario simbólico que corresponde a su nivel: grano, vino y aceite, como reflejo del diezmo que el rey Salomón pagó al rey Hiram de Tiro por los materiales y hombres expertos que éste le envió. Esto sugiere que el candidato queda igualado con los tirios en lugar de con sus convecinos. Los tres salarios representan la plenitud mental y espiritual, así como las recompensas no tangibles de llevar una vida recta.

Objetivamente, el grano (trigo) representa el alimento diario; pero, a un nivel algo más profundo, simboliza la abundancia, la generosidad y el deber. El trigo se emplea tradicionalmente como símbolo de la cornucopia o cuerno de la abundancia. Se decía que los cuernos así cargados de alimentos traían fertilidad para los cultivos y unas ricas cosechas. El vino simboliza el refrigerio y la salud, la tranquilidad, la paz y, por alusión a la transustanciación, la espiritualidad y la consagración. El aceite simboliza la dicha, la alegría y los tiempos felices.

Por último, el compañero también recibe instrucción sobre las tres joyas del grado: el oído atento, la lengua instructora y el seno de la fidelidad. La simbología de estos elementos no es muy profunda y se refiere al proceso y las técnicas de aprendizaje. Sólo aumentando sus conocimientos y logrando el aliento y la perspectiva suficientes para exaltar la mente, podrá el compañero llegar a la maestría.

Aunque estas joyas son poco sutiles, son muy indicativas. El segundo grado tiene que ver con el viaje de la edad adulta. El propósito es aprender para, mediante ese aprendizaje, desarrollar la mente hasta que sea capaz de iniciar su iluminación. No en vano, las artes y las ciencias liberales se escogieron originalmente por su capacidad para desarrollar el intelecto y el entendimiento espiritual. La imaginería a lo largo de la ceremonia está vinculada al aprendizaje y al esfuerzo intelectual. Éste es un grado propedéutico y su tarea debe completarse preparando la mente y el cuerpo para albergar el templo del alma.

Danos hoy nuestro pan de cada día: el grano no sólo simboliza el alimento diario, sino también las virtudes que se le asocian, como la generosidad y la amabilidad. En este mandil masón, el símbolo central está rodeado de ramas de trigo.

El maestro masón

En el tercer grado es el momento en que el trabajo previo de autodominio e ilustración se hace patente. Simbólica, si no realmente, el candidato ha logrado establecer un equilibrio entre los elementos que conforman su interior, y entre éstos y su yo espiritual más elevado. Se ha purificado físicamente, su mente se ha agudizado y su intelecto se ha ampliado. En estas condiciones, pues, está preparado para afrontar el sublime grado de maestro masón. En la práctica es poco frecuente que alguien invierta la dedicación para alcanzar un estado tan avanzado sin que desee lograr su ascenso al tercer grado. De hecho, la ceremonia del tercer grado es una representación exterior de las recompensas interiores que aguardan a todo masón que haya completado los trabajos de los grados primero y segundo. El viaje de la maestría es una continuación de lo anterior, aunque algunos deseen que fuese de otra forma.

Al comienzo de la ceremonia, el candidato entra en el taller a oscuras, al igual que en los otros dos grados. Pero hay una diferencia: gracias a su preparación, presenta un

El dios egipcio Horus, hijo de Osiris, aparece representado aquí sosteniendo el Ankh (cruz egipcia), símbolo de resurrección.

estado de armonioso equilibrio, una mayor confianza y tiene fe absoluta en las grandes luces. Tras las ceremonias, el candidato adopta el papel central en una representación dramática de la principal leyenda de la francmasonería.

Muerte y resurrección simbólicas

En el tercer grado, al candidato le corresponde el papel de Hiram Abiff, el principal arquitecto del templo de Salomón. En una dramática ceremonia, es asesinado simbólicamente como lo fue Hiram Abiff. Después resucita, dejando atrás sus impurezas, y abandona el papel de Abiff. Este mito aparece en todas las escuelas místicas históricas; se trata de un proceso de purificación que nos permite superar las imperfecciones anteriores. Es un simbolismo muy antiguo, que se remonta a hace miles de años. El candidato experimenta un renacer a una nueva consagración espiritual, limpio y purificado para emprender el camino hacia la maestría.

Existen estrechos paralelismos entre la leyenda de Hiram Abiff y las del dios egipcio Osiris, el dios griego Dionisio y, de modo menos evidente, algunas de las leyendas nórdicas sobre Odín. El tema dominante es el sacrificio y la resurrección. Por supuesto, Hiram no renace en la leyenda, pero cuando el maestro masón abandona el papel de Hiram para ser él mismo, se trata de un paralelismo del ascenso del alma de Hiram a los cielos despojada de las imperfecciones del cuerpo; así pues, el nuevo maestro regresa a la luz del amor de Dios, y deja detrás su imperfecta naturaleza. Cabe señalar que la tradición masónica no atribuye signo alguno de divinidad a Hiram Abiff pero sí señala que, cuando éste se negó a revelar sus secretos a quienes serían sus asesinos, insistía en que no podía hacer tal cosa sin la presencia de sus dos compañeros maestros (el rey Salomón y el rey Hiram de Tiro). Ésta podría ser una sutil referencia a la Santísima Trinidad y a todas las representaciones tripartitas de la divinidad; como una alusión al hecho de que no es posible comprender la verdad divina si está fragmentada.

En cuanto a los rufianes, simbolizan la verdad de que buscar la sabiduría espiritual a través de medios ilícitos en lugar de por méritos propios es un acto inútil, estúpido y destructivo. Tamaña recompensa hay que ganársela y no es posible arrancársela a nadie. Como símbolos de la propia ignorancia, pereza y avaricia, los asesinos representan las

El martillo de Thor, que poseía el poder destructivo del trueno, se representa aquí con la forma del mazo que mató a Hiram Abiff.

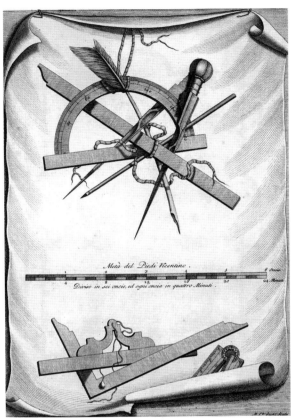

El buril, el carredil y el compás son las herramientas con las que un maestro masón debe buscar su perfeccionamiento personal.

pasiones más bajas. Éstas nos pueden destruir si no nos esforzamos por dominarlas. En la avaricia no existen la verdad ni la vida eterna, sólo la muerte.

El mazo, arma que utilizó el tercero de los asesinos, era un martillo grande de madera usado para asentar la piedra ya pulida en los muros. Desde tiempos inmemoriales, fue un símbolo de destrucción. El martillo de Thor era un arma poderosa, capaz de arrasar montañas; contenía todo el poder de los rayos y los truenos, ya que Thor era el dios del trueno. Como arma para atacar a Hiram Abiff, representa ese enorme poder destructivo.

El león de Judá era el símbolo de la tribu real de la nación hebrea. Cada rey que ascendía al trono pasaba a ser el nuevo león, ya que ése era el título que recibía. Como símbolo, el león representa la realeza, la fuerza, la gracia, el

sol y el poder absoluto. En el periodo medieval, también fue un símbolo de resurrección (una historia cuenta que un cachorro nació muerto, y así permaneció tres días hasta que su padre le dio su aliento y el cachorro resucitó).

La acacia es un poderoso símbolo de inmortalidad y entereza en el Oriente Medio, donde se planta al lado de las tumbas. Como árbol perenne de larga vida, vincula a la supervivencia, la indomabilidad e incluso a la resurrección, con otras nociones más sencillas de inocencia. Se cree que la corona de espinas de Jesús estaba hecha de acacia.

A su debido tiempo, se eleva al candidato al «sublime grado» de maestro masón. La elevación es bastante literal; el candidato abandona el papel de Hiram Abiff para volver a ser él mismo. Ese tiempo en el cuerpo del maestro lo ha conducido a la maestría. Sus imperfecciones quedan atrás.

Las herramientas y los símbolos

Cuando se confiere a un masón el grado de maestro masón, se le entregan las herramientas de trabajo que corresponden a ese grado y que le permitirán hacer uso de su espíritu para lograr la purificación de su alma. Estas herramientas son el carredil, el buril y el compás. Un carredil es una especie de punzón situado en el centro de una herramienta que sirve para marcar líneas rectas. Dicho punzón se puede clavar en el terreno para, tomándolo como referencia, trazar líneas rectas; simbólicamente, recuerda al maestro masón la rectitud de la buena conducta conforme a las enseñanzas y proscripciones religiosas. El buril se usaba para trazar los planos y redactar las instrucciones para los constructores; simboliza que todas nuestras acciones son vigiladas y deberemos responder de ellas después de nuestra vida. Finalmente, el compás se usa para calcular con exactitud límites, proporciones y arcos, cosa que, simbólicamente, representa la infalible e imparcial justicia del juicio divino.

En algunas zonas, el maestro masón emplea en su trabajo todas las herramientas de la francmasonería. Pero, en este caso, la herramienta asociada a este grado es el palustre, que simboliza la «cimentación» de los vínculos que nos unen y la expansión del amor fraternal.

Finalmente, se explica al nuevo maestro masón un último grupo de símbolos relacionados con los iconos que aparecen en el tapiz del maestro. La imagen de los tres

Las colmenas de abejas son un importante símbolo masónico que se asocia a la diligencia, la dedicación, la productividad, las buenas obras y el poder del trabajo en equipo.

peldaños representa las tres etapas de la vida humana y los tres grados del Oficio, cuyos paralelismos son evidentes e intencionados. Cuando somos niños o aprendices aceptados, nos gobiernan nuestros impulsos e instintos y nuestra tarea consiste en prepararnos para la edad adulta aprendiendo a controlarnos. Cuando somos adultos o compañeros, tenemos control para adquirir el conocimiento que nos permitirá enriquecernos como personas y cumplir con nuestros deberes para con Dios. Finalmente, con la vejez y la maestría llegan la sabiduría y la esperanza de una gloriosa inmortalidad del alma.

El incensario es la pureza del corazón, que entraña un sacrificio adecuado a lo divino. Simbólicamente, nos recuerda la necesidad de agradecer a la divinidad nuestra existencia y sus bendiciones. La colmena es aceptada en todo el mundo como imagen de trabajo duro y laboriosidad, y recuerda la necesidad de ser aplicados. Por extensión, también representa la condena contra la holgazanería y la autosuficiencia cuando los que nos rodean necesitan nuestra ayuda y no los atendemos.

El Libro de las Constituciones, protegido por la espada del retejador, recuerda que nuestras palabras y acciones deben ser cuidadosas y discretas. El corazón vigilado por la punta de la espada simboliza la justicia divina, que todo lo ve, y recuerda que debemos ser virtuosos y por ello seremos recompensados. El arca y el ancla representan una vida recta y una esperanza bien fundada. Resulta obvio el vínculo con el arca de Noé; la virtud proporciona seguridad y es un ancla que mantiene al alma en el camino de la rectitud, preparándose para su recompensa final.

El teorema 47 de Euclides, más conocido como teorema de Pitágoras, señala que en un triángulo rectángulo se dará entre los lados una proporción de 3:4:5, siendo el lado más largo el opuesto al ángulo recto. La fórmula matemática establece que el cuadrado de la hipotenusa de un triángulo rectángulo es igual a la suma de los cuadrados de los otros dos lados. Esta particular curiosidad matemática ha sido uno de los descubrimientos de mayor importancia para la geometría y la arquitectura. Usando tres varillas de 3, 4 y 5 unidades de longitud, siempre es posible construir un ángulo recto perfecto. Como otras tantas maravillas geométricas (el número pi, la proporción o las series numéricas de Fibonacci), este teorema tiene un gran valor a la hora de, literalmente,

efectuar cambios en el mundo. Su presencia nos recuerda la importancia de las artes y las ciencias liberales y nos demuestra simbólicamente que lo que se nos antoja tullido encierra, en realidad, la perfección más grande que existe.

Vida, muerte e inmortalidad

El reloj de arena y la guadaña representan el carácter efímero de la vida humana y la importancia del tiempo. El mazo vuelve a aparecer aquí y representa los accidentes y las enfermedades capaces de sesgar una vida. La pala es un emblema de la acción de cavar, especialmente en referencia a las tumbas. Por último, el ataúd es el lugar de eterno reposo de nuestra máscara terrenal. Para que todos estos símbolos no adquieran un tono demasiado morboso, el toque final lo pone una rama de acacia; así, se nos recuerda que la mortalidad sólo atañe al cuerpo y que el alma pervivirá inmortal. Si bien se trata de un aspecto particular, relacionado con la fe de cada uno y su versión de la divinidad.

El tercer grado es la ceremonia de la iniciación, el tránsito de la consciencia terrenal a la iluminación. Sin una preparación perfecta en los dos primeros grados, la experiencia del masón podrá seguir «avanzando con las formalidades», pero sólo cuando esté realmente preparado será iluminado. Es el secreto de todas las escuelas místicas, el viaje de todas las tradiciones esotéricas. En la ceremonia, el candidato toma cuerpo en la figura de un maestro iluminado. Su posterior muerte simbólica representa, en parte, el final de las antiguas inquietudes y el tránsito hacia la iluminación espiritual (hacia un despertar de la conciencia a las necesidades tan sutiles del alma). En su simbólica resurrección, el candidato vuelve a sí mismo conservando algo del maestro iluminado en mayor o menor grado. Una vez conseguido el estado de maestro, está en disposición de iniciar la gran tarea: trabajar su alma para construir un templo puro de Dios en su interior. Ése es el trabajo del maestro masón, la meta hacia la que todo el simbolismo apunta y la tarea más noble posible.

La doncella, la madre y la anciana marchita: las tres etapas de la vida se corresponden con los tres grados de la francmasonería. El reloj de arena y la guadaña recuerdan la mortalidad del ser humano.

4

La francmasonería en la actualidad

La francmasonería ha recorrido un largo camino en los últimos tres siglos y éste no siempre ha sido de rosas. Desde que su máximo punto fuerte resultara tocado tras la Segunda Guerra Mundial, el Oficio ha sufrido un notable declive. Pero no se debe sólo a eso. En los tiempos que corren actualmente, de marcado carácter laico y cargados de presiones, las instituciones antiguas experimentan un acelerado ocaso. Es un hecho que la francmasonería debe superar un difícil reto en los próximos años si desea subsistir con una razón de ser elocuente. Su desaparición sería una auténtica pena y es que, precisamente ahora más que nunca, el mundo necesita de sus enseñanzas sobre unidad y decencia.

El volumen de la ley sagrada ocupa el lugar más destacado
en esta ceremonia de relevo de los oficiales de la UGLE en 1992.

Las ovejas negras

Uno de los mayores golpes sufridos por la francmasonería en el siglo XX ha sido la destrucción gradual de su reputación. En los siglos XVII y XVIII, el fin que perseguía se consideraba loable y hasta noble, y pertenecer a la misma era motivo de orgullo y estatus social. Sus esfuerzos por la libertad y la ilustración eran bien conocidos y se tenía a la orden por una organización beneficiosa. Pero en el siglo XX, esta situación dio un vuelco en favor de una nueva actitud paranoica y de hostilidad en buena parte de la sociedad.

Como organización que mantenía algunos secretos, la francmasonería se convirtió en sospechosa. Reporteros y críticos incapaces de concebir que el fin de los masones fuera el perfeccionamiento personal, decidieron que se trataba de una coartada para encubrir negocios corruptos y actitudes nepotistas. Algunos fanáticos religiosos declararon que su secretismo escondía rituales satánicos y una malévola conspiración internacional. El feminismo la tachó de sexista y anacrónica, definiéndola como un club de hombres maduros y un potencial de homosexuales y misóginos. Los escándalos financieros en los que se vieron envueltos algunos ex masones acabaron de calentar los ánimos.

La francmasonería mantuvo una actitud distante hacia dichas acusaciones, mostró indiferencia y se negó a responder para no concederles importancia. Por desgracia, es posible que esto fuera un error, ya que, a los ojos de la sociedad, el silencio equivalía a la confesión. La histeria alcanzó su momento álgido a finales de los años ochenta. En algunas zonas sólo logró salvarse del aplastamiento gracias a que las constituciones de esos lugares lo impedían expresamente. El furor inicial se calmó pero, para entonces, la masonería había sido gravemente desacreditada.

Propaganda Due

El más perjudicial de los escándalos fue, sin duda, el caso de Roberto Calvi. Propaganda Due (o P2), logia constituida bajo el auspicio del Gran Oriente de Italia, ha sido probablemente la logia masónica más infame de la historia moderna, a pesar de que ya había sido clausurada antes de hacerse acreedora de tan mala fama y su maquiavélico gran maestro, Licio Gelli, había sido expulsado de la masonería. La ironía está clara: el escándalo que más daño ha causado a la francmasonería se debe a un hombre al que ésta había expulsado de sus filas por su flagrante mala conducta.

Licio Gelli nació en 1919. A los 17 años se alistó como voluntario en las fuerzas expedicionarias de Mussolini y fue enviado a España. Allí, se convirtió en un enlace y actuó como interlocutor con el Tercer Reich. La CIA lo reclutó al final de la Segunda Guerra Mundial, él le proporcionó sus contactos y contribuyó a trasladar a Klaus Barbie a Estados Unidos clandestinamente. Después, formó parte de la «quinta columna» de traidores anticomunistas de la CIA en la operación Gladio; ésta tenía activistas repartidos por Europa para prepararse ante una eventual invasión rusa. Desde allí accedió a una información (secretos sucios, planes financieros confidenciales, etc.) que le aportó riquezas e influencias.

Los hermosos edificios clásicos del Vaticano perfilan el horizonte en Roma.

Roberto Calvi (en el centro) es juzgado en un tribunal de Milán en 1981. Meses después sería asesinado en Londres.

La logia P2 se estableció en 1895 pero pronto se impregnó de intereses políticos y comerciales. Gelli fue admitido en 1963 y, gracias a su influencia en la CIA, enseguida llegó a lo más alto de la misma. Desde su cargo de gran maestro, emprendió una agresiva política de reclutamiento, alistando a militares de alto rango y a líderes empresariales, políticos y criminales. En varias ocasiones, incluso recurrió al soborno para obligar a algunos personajes a entrar en la organización. Como tenía acceso a los archivos de la CIA, amenazaba con ventilar los secretos más comprometidos de cada uno.

Tan pronto como la francmasonería italiana tuvo conocimiento de semejantes irregularidades, abrió una investigación sobre la logia P2 y, mediante el decreto 444LS, decidió su disolución en junio de 1976. Gelli fue expulsado de la francmasonería. Pero él ignoró el hecho de que ésta era ahora una sociedad secreta ilegal dirigida por él como mero individuo y continuó obrando, usando el nombre P2 y amparándose en una falsa fachada masónica. La logia siguió creciendo y aparecieron ramas menores en distintos lugares, incluso en cuatro países latinoamericanos. No olvidemos que Gelli a menudo se vanagloriaba de mantener una amistad con el general Domingo Perón y el jefe de sus escuadrones de la muerte, José López Rega.

La conexión Calvi

Años después, en marzo de 1981, la policía llevó a cabo un registro en su domicilio de Arezzo. Entre los documentos que encontraron había listas con más de 900 nombres de funcionarios, políticos, oficiales del ejército, del servicio secreto y personalidades del sector empresarial. Entre estos últimos se encontraba el de Roberto Calvi, director general del Banco Ambrosiano de Milán. Calvi estaba en prisión a la espera de ser juzgado, acusado de exportación ilegal de capital. Otros nombres famosos en las listas eran el de Silvio Berlusconi, que se sería primer ministro 20 años después, y el de Víctor Emmanuel, príncipe de Nápoles.

Las actividades ilegales de la logia P2 salieron a la luz en 1982, tras la quiebra del Banco Ambrosiano, del que Calvi fuera gerente. Calvi, conocido como «el banquero de Dios» por sus relaciones con el Banco Vaticano, apareció muerto. Debía comparecer para aportar pruebas de los vínculos

entre su banco, la logia P2, la mafia y el Vaticano, pero no lo hizo y, durante una semana, su desaparición ocupó los titulares de todos los periódicos. Finalmente, apareció ahorcado en el puente londinense de Blackfriars. La policía calificó esta muerte como un suicidio: su banco, el mayor de toda Italia, había quebrado y él había sido sentenciado a cuatro años de cárcel, acusado de fraude.

En el año 2003, se retomó el caso y los forenses determinaron que Calvi había sido asesinado. Alguien había seguido al banquero hasta el río Támesis. Las marcas que tenía en los brazos, en la muñeca derecha y en las suelas de sus zapatos indicaban que se había defendido al ser atacado, a orillas del río o en un bote cerca del puente. Después lo atacaron por la espalda ejerciendo una «presión lenta y firme» sobre su cuello, que lo dejó inconsciente. Luego metieron ladrillos y una importante suma de dinero en monedas en los bolsillos de su pantalón. Calvi seguía con vida, aunque probablemente inconsciente, cuando le ataron una soga alrededor del cuello y lo colgaron de la anilla de un andamio bajo el puente. Los hechos ocurrieron después de la medianoche del 18 de junio de 1982. Entonces, los asesinos huyeron en el bote. Los forenses calcularon que Calvi tardó entre 30 y 60 minutos en morir.

A pesar de las extrañas circunstancias de la muerte, el previo veredicto judicial de suicidio bastó para poner en el punto de mira las conexiones entre el banquero y Licio Gelli. La prensa se encargó de airear todos los datos que la policía mantenía confidenciales sobre la logia P2.

Propósitos políticos

Entre las listas y demás documentos hallados por la policía, se había encontrado un manifiesto titulado *Piano di Rinascita Democratica* (*Plan de renacimiento democrático*). En él, Gelli describía los objetivos que pretendía lograr a través de su logia: formar una nueva elite política y económica con el fin de implantar una nueva forma de gobierno mucho más autoritaria y de tono marcadamente fascista que, definitivamente, alejaría a Italia de la democracia. Los comentaristas describieron a la P2 como un «estado dentro del estado» y se mostraron horrorizados ante las pretensiones de esta logia de hacerse con el poder.

El escándalo salpicó al ya de por sí debilitado gobierno. El primer ministro italiano de entonces, Arnaldo Forlani, fue obligado a dimitir. Una comisión especial del parlamento italiano dirigida por Tina Anselmi, del partido democratacristiano, investigó la logia a fondo. La comisión concluyó que se trataba de una organización secreta ilegal y criminal a pesar de que no encontraron pruebas de actividad criminal alguna. El propio Gelli fue absuelto del cargo de conspiración para desbancar al gobierno italiano por falta de pruebas y sólo lo condenaron a doce años de prisión por una serie de cargos menores. Cuando el Tribunal Supremo dictó la sentencia, Gelli huyó y no fue apresado hasta 17 años después, cuando lo localizaron en la localidad francesa de Cannes a la edad de 79 años.

Aún hoy en día, la mayoría de la gente sigue sin entender lo que realmente sucedió. La percepción más generalizada es que hubo un escándalo financiero, algunos asesinatos rituales y una escandalosa malversación de fondos... Y que los «francmasones» (presumiblemente a escala internacional) estaban detrás del asunto. La verdad es que Gelli era un criminal con delirios de grandeza, implicado en una trama de desfalcos bien planeada y salpicada de asesinatos. Los francmasones tuvieron tan poco que ver en todo ese asunto como lo tuvo la CIA.

El caso Morgan

Sólo dos escándalos masónicos han sido realmente sonados, lo cual no está mal en 300 años de existencia. Acabamos de ver uno de ellos. El otro fue la muerte de William Morgan en 1827. Natural de Virginia, Morgan dirigió una próspera destilería en Canadá hasta 1823, año en que un incendio destruyó su negocio. Morgan se mudó a Nueva York y, aunque adquirió el grado de Arco Real en una tenida celebrada en LeRoy, Nueva York, en 1825, también fue rechazado en 1823 por la Logia Azul y por el Capítulo del Arco Real de su nuevo hogar neoyorquino de Batavia. No se tiene constancia de dónde se inició en la masonería de la Logia Azul (o de si fue así). Cuando se propuso designar un nuevo Capítulo del Arco Real para Batavia, Morgan solicitó el cargo. Sin embargo, habían objeciones a su participación y se optó por redactar otra solicitud.

Resentido tras este último rechazo, Morgan decidió vengarse. Así, se unió al editor del periódico local, David Miller, que se había iniciado como aprendiz aceptado y después había sido expulsado de la masonería. Juntos emprendieron una serie de acciones difamatorias contra los francmasones, tanto colectiva como individualmente.

Esto provocó no pocos resentimientos contra ellos. Las oficinas del periódico fueron incendiadas, aunque no sufrieron daños graves. Pese a que algunos aspectos sobre la autoría de este hecho eran cuestionables, tres masones locales fueron enviados a prisión por un tiempo. Mientras tanto, Morgan fue detenido una y otra vez, algunas veces porque había cometido delitos menores, y otras acusado de cargos aparentemente espurios. En una ocasión, un hombre anónimo pagó su fianza y lo sacó de la cárcel. Nunca más se volvió a ver a ninguno de los dos. Después, surgieron numerosos testigos que afirmaban haber visto todo tipo de cosas: cómo a Morgan le dieron un carruaje para que escapara, cómo lo había matado un grupo de hombres, etc.

Un mes más tarde, se encontró un cadáver en avanzado estado de descomposición a las afueras de la ciudad. La (supuesta) viuda de Morgan negó que fuera su marido, ya que la altura, el pelo y demás detalles no se correspondían con él. Pero después cambió de opinión. Otra mujer llamada Monroe decía que ese cuerpo era el de su marido.

Tiempo después, florecieron los testimonios que juraban haber visto a Morgan en distintos puntos del globo, de manera similar a como sucedió en el caso de Lord Lucan.

Pero la teoría más extendida entre el vulgo era que los francmasones habían asesinado a Morgan. Incluso se convirtió en un argumento al que los políticos más populistas recurrían para atacar a los miembros más destacados de la sociedad. Los francmasones expresaron su condena al posible asesino de Morgan; sin embargo, se inició en el pueblo americano un periodo de fervor antimasónico. Aún hoy, hay quienes esgrimen el nombre de Morgan como prueba de la naturaleza asesina y satánica de la francmasonería. El misterio nunca se resolvió. Curiosamente, la viuda de Morgan se convirtió, algún tiempo después, en una de las numerosas esposas del fundador del mormonismo (y francmasón), Joseph Smith.

Menciones deshonrosas

La mayoría de los detractores de la francmasonería se sirven de rumores y presunciones. Abundan las críticas al estilo de «mi hermano dice que se guardan los mejores trabajos para dárselos los unos a los otros y por eso él no consigue ascender». Y ello a pesar de que la práctica del nepotismo gratuito es suficiente para que un masón tenga graves problemas con su logia. Sin embargo, algunos individuos son puestos en entredicho por detractores de la francmasonería supuestamente bien documentados.

Ben Arnold intenta convencer a un subordinado de que esconda las órdenes en una de sus botas.

Benedict Arnold

Benedict Arnold, apodado *el Traidor,* es uno de los más conocidos en Estados Unidos. Fue oficial de la revolución americana y también era masón. En su puesto militar, tuvo constancia de numerosas luchas internas de carácter político hasta que, al verse confrontado con unas órdenes que consideraba inútiles y que costarían numerosas vidas, decidió que las autoridades estaban equivocadas. Así, hizo lo impensable y desobedeció las órdenes. Salvó muchas vidas, pero fue a costa de frustrar el objetivo de los revolucionarios. Desde entonces, es blanco de una intensa aversión en su país. A fin de cuentas, un traidor es un traidor. Los canadienses lo consideran un héroe y en Gran Bretaña o Australia poco se sabe de él.

Paul Bernardo

Paul Bernardo, un violador en serie de Toronto, en la actualidad en prisión, también fue masón en una etapa de su vida, en la Gran Logia de Ontario, de la que acabó siendo expulsado. No se sabe en qué periodo perteneció a la masonería, de modo que es imposible saber si era un masón activo cuando cometió algunas de sus atrocidades. Pero los detractores más insidiosos de la francmasonería pretenden vincular sus crímenes al Oficio.

Wilbur Mills

El congresista y francmasón de Arkansas Wilbur Mills fue expulsado del parlamento en los años setenta tras ser descubierto en estado de ebriedad revolcándose con una *stripper* (una tal «Fannie Fox») que saltó a la fuente situada frente al monumento a Jefferson en Washington D. C. Mills, que una vez aspiró a la presidencia del país, reconoció su adición al alcohol e ingresó en un programa de rehabilitación. Después logró vencer la enfermedad y retomó sus actividades masónicas y congresistas.

Jim Davidson, aquí a las puertas del Hall francmasón de Londres, es un incansable benefactor.

Jim Davidson

El cómico televisivo británico Jim Davidson fue obligado a renunciar a su cargo de venerable maestro del año 2002 en la logia londinense de Chelsea por interpretar una actuación exactamente igual que las que le habían merecido la fama. Al parecer, su espectáculo subido de tono resultó ofensivo para algunos asistentes de edad avanzada que enviaron una queja a la UGLE. Con gran resignación, Davidson presentó sus disculpas, pero su imagen era más bien la de un hombre enfadado que la de uno arrepentido, ya que lamentaba que sus actuaciones siempre recibieran quejas. Aquí sólo cabe preguntarse qué esperaban los asistentes a la gala de un famoso cómico «verde». Al margen de su profesión, Davidson es un hombre considerado y generoso, que invierte mucho de su tiempo libre en causas benéficas, sobre todo ayudando a soldados en activo que atraviesan situaciones difíciles.

Las Revelaciones completas

Gabriel Jogand-Pages nació en Marsella, Francia, en 1854. Recibió una buena educación y después se dedicó al periodismo. El desprecio que sentía por las creencias religiosas sólo era igualable a su falta general de sentido del decoro. No obstante, como escritor tenía talento y el atrevimiento de su trabajo llamaba la atención. Se mudó a París, donde publicó un diario escandaloso y escribió numerosos libros de gran éxito de tono bastante sacrílego; entre ellos, *Los amores secretos de Pío IX*, obra que le valdría una severa multa. En 1881, entró en la masonería como aprendiz aceptado, pero no duraría mucho en ella; sus indiscreciones superaban lo aceptable.

En 1885, consciente de la oportunidad que supondría, Jogand-Pages se convirtió al catolicismo. Retiró sus libros, dejó de atacar a la iglesia y obtuvo el perdón de la Iglesia Católica Romana. Conocedor del odio acérrimo que la iglesia sentía hacia la francmasonería por aquel entonces, comenzó una larga etapa en la que se dedicó a escribir un libro por entregas llamado *Revelaciones completas sobre la masonería francesa*. Publicadas bajo el pseudónimo de Leo Taxil, dichas entregas tuvieron un gran éxito y se tradujeron al alemán, el italiano y el español.

Leo Taxil puso todo el poder de su ingenuidad, su irreverencia y su imaginación al servicio de las *Revelaciones completas*. Obvió los hechos objetivos y la documentación, e inventó una increíble cantidad de detalles sobre los ritos del Oficio y su supuesta naturaleza satánica. No tardó en retratar a todo el Oficio como una forma especialmente horrible de adoración al diablo. Las entregas de las *Revelaciones completas* se editaban casi todos los meses, analizándose en cada una de ellas diferentes aspectos del «horror» de la masonería. A las mujeres masonas les dedicó una de las entregas más salaces y obscenas. Otra (de la que vendió más de 200.000 ejemplares) explicaba la manera en que los masones se convertían en asesinos durante la iniciación, al menos espiritualmente: «Antes de que un hombre sea admitido a un grado superior, le vendan los ojos y es conducido hasta un cuarto en el que una oveja yace en el suelo. El animal tiene las patas atadas y la boca amordazada y ha sido esquilado por completo, de modo que, al tacto, su piel parece la de un ser humano. Junto al animal, un hermano jadea y simula estar enfrentándose a un grupo de enemigos. Se hace creer al candidato con los

Las *Revelaciones* de Leo Taxil retrataban a la francmasonería como un caldo de cultivo de satanismo judaico, al estilo del representado en este grabado de A. Esnault.

Taxil describió las iniciaciones con hechos especialmente escabrosos e increíbles, como el que muestra esta ilustración.

Esta imagen del siglo XVIII, atribuida al conde de Saint-Germain (1710-1784), muestra a una bruja ayudando a un francmasón desnudo a ver el futuro en una copa de agua.

ojos vendados que la oveja es un masón desleal que ha revelado los secretos de la orden y que, por tanto, debe morir según marcan las leyes ancestrales. El candidato será el verdugo. Se le entrega un cuchillo y, tras un ceremonial, se le incita a que acabe con el traidor. Es decir, a que aseste varias cuchilladas a la oveja que él cree que es un ser humano, uno de sus hermanos masones. Esto prueba que todo masón es un asesino, al menos en espíritu si no en la vida real, ya que hay veces en las que en el lugar de la oveja se coloca a un auténtico masón traidor».

Francmasones de todo el mundo negaron horrorizados semejante barbaridad. Entre ellos, personajes tan destacados como Otto von Bismark, el emperador Guillermo I o el príncipe de Gales, cuya importancia sirvió para dar un impulso aún mayor a las ya cuantiosas ventas de Taxil. El Vaticano estaba encantado con la serie

de entregas y las leyó todas con gran placer, ya que las consideraba claras defensas de su propia postura. Animado por los buenos resultados, Taxil decidió sacar partido. Dotó de espiritualismo a sus revelaciones y habló de unas tablas que flotaban y se transformaban en cocodrilos por la acción del diablo en las reuniones masónicas. El papa León XIII lo distinguió con la Orden del Sagrado Sepulcro.

El corazón satánico

Taxil señaló a la ciudad de Charleston, en Carolina del Sur, como el corazón satánico de la masonería. Era ésta la cuna de Albert Pike, un masón que había perfeccionado el rito escocés. Taxil declaró que en el Consistorio del rito escocés de Charleston, recibían la visita del mismísimo Satanás, que se manifestaba en toda su gloria (con sus pezuñas, su rabo, su piel rojiza y su enorme falo). Al vislumbrar la necesidad de incluir a una mujer para completar la estética, Taxil inventó el personaje de Diana Vaughn. Se suponía que era descendiente directa de la diosa babilónica Astarté y que se había prometido al demonio Asmodeo cuando aún era una niña. En presencia del propio Albert Pike, el «señor de las Mentiras» la consagró como suma sacerdotisa masónica de Satanás. Poseía poderes mágicos, como el de atravesar las paredes y transformarse en un charco de sangre andante.

Después de otras tantas entregas plagadas de historias absurdas, Taxil decidió dar un giro y hacer que Diana Vaughn se convirtiese al igual que él había hecho antaño. Contaba que el corazón de esta mujer había cambiado de rumbo cuando Albert Pike le ordenó escupir sobre una hostia consagrada y atravesarla después con un cuchillo como parte de un ritual masónico. Así, en 1895, la propia Diana redactó una revelación y envió una copia al Papa. León XIII ordenó a su secretario que le respondiese para darle las gracias y conminarla a que continuase con su buena obra. El tono y el contenido del escrito de Vaughn guardaban resemblanza con el estilo de Taxil, describiendo todo tipo de hechos sorprendentes, mencionando a un coro de niños desvirgados y a una cabra con cabeza humana que profería conjuros demoníacos.

Finalmente, en 1896 el Papa convocó un congreso antimasónico en Austria, país donde las logias masónicas estaban prohibidas por aquella época. Acudieron mil delegados de toda Europa, entre los que se encontraban 36 obispos católicos. Taxil fue el héroe del evento, pero se vio presionado ante el deseo de los asistentes de conocer a Diana Vaughn. Sus excusas no convencieron al grupo y se vio obligado a anunciar que Diana Vaughn se mostraría al mundo en París el lunes de Pascua de 1897.

Ese día, miles de curiosos se concentraron para conocer a la que había llegado a ser amante del mismísimo diablo. Taxil salió a escena y confesó, para asombro y horror de la audiencia, que él era y sería siempre Jogand-Pages, que su conversión había sido una patraña, que Vaughn sólo era un personaje literario y que sus *Revelaciones completas* eran disparates de principio a fin. Dijo que su único propósito había sido poner de manifiesto la estúpida credulidad de la Iglesia Católica Romana y de sus autoridades para ridiculizarlas a los ojos de las personas inteligentes del mundo entero. También confirmó que el obispo de Charleston había informado al Papa de que las historias de Taxil eran absurdas. Jogand-Pages tuvo que salir de allí escoltado por la policía y se vio obligado a huir para ocultarse en otro barrio de la ciudad.

La Iglesia reaccionó con el desprecio y la desilusión lógicos. En una entrevista realizada tiempo después, Jogand-Pages afirmó lo siguiente sobre las obras de Taxil: «El público me ha convertido en lo que soy, el mayor mentiroso del momento. Cuando empecé a escribir contra los masones, pretendía divertirme pura y simplemente. Los crímenes que les atribuí eran tan grotescos, tan imposibles y estaban tan exagerados, que pensé que todo el mundo se daría cuenta de la broma y me aplaudirían por implantar un nuevo tipo de humor. Pero no fue así; mis lectores se los tomaron como verdades absolutas y, cuanto más mentía en mi esfuerzo por dejar patente que mentía, más se convencían de que yo era un modelo de veracidad».

De vez en cuando, las acusaciones de Taxil vuelven a salir a la luz en boca de algunos críticos absurdos en su empeño por atacar al Oficio pero, al menos, sirven para poner de manifiesto el carácter lunático de esos antagonistas de la masonería.

La situación del Oficio

En los últimos 60 años, el mundo ha experimentado grandes cambios. Incluso el curso de la propia vida ha dado un giro radical, y no precisamente para mejorar. Al mismo tiempo, el número de masones ha ido cayendo en picado. El nuevo mundo necesita de la francmasonería y sus enseñanzas más que nunca, pero ¿está el Oficio en condiciones de adaptarse lo suficiente como para seguir transmitiendo su palabra durante al menos otra década? Eso es algo que todavía está por verse.

En Occidente, los años cincuenta y sesenta se recuerdan como décadas doradas. Los padecimientos y dificultades de la Segunda Guerra Mundial habían pasado. Gracias a las labores de reconstrucción y a la nueva etapa de desarrollo, la economía experimentaba un *boom*. La diferencia entre los ricos y los pobres no era tan abismal como hoy en día. No hacía falta cerrar las puertas con llave, los niños podían salir a la calle a jugar sin más y, si algún adolescente se retrasaba en la hora de llegar a casa, el temor máximo de los padres era que saltase el escándalo o que hubiese un embarazo de por medio.

Las familias podían vivir de un solo sueldo, aunque se tratara de un sueldo medio. Los trabajadores podían aspirar al ascenso en sus trabajos, sus pensiones los mantendrían durante la vejez, podrían pagar las hipotecas de sus hogares y, mientras ellos cumpliesen con su parte, sus vidas transcurrirían con suficiente comodidad. Para los ambiciosos y las personas de talento, la cosa era todavía mejor, ya que existían más que suficientes oportunidades muy bien recompensadas de trabajo duro o reservado a quienes tuviesen alguna habilidad especial.

Un elevado porcentaje de la población podía aspirar a comprarse un coche e irse de vacaciones un par de veces al año, a dar a sus hijos una buena educación y a ahorrar para la vejez. Las empresas competían vigorosamente pero con decoro, intentando evitar cualquier escándalo que provocase una caída en la cotización de sus acciones. Tras el trabajo y la familia, no había muchas distracciones. El ocio y el entretenimiento no estaban muy en boga.

La vida era agradable. En los países anglófonos se tenía la sensación de haber logrado salir del bache, de que las cosas comenzaban a marchar bien y de que el clima de progreso contribuiría a mejorarlas. Mientras la Guerra Fría se mantuviese fría, seríamos capaces de encontrar solución a los problemas del mundo de uno u otro modo, de encontrar una manera de ponernos todos al mismo nivel.

Pero el cambio ya había empezado a forjarse. La avaricia es insidiosa. Un conocido juego psicológico denominado «halcones y palomas» lo muestra claramente. Las palomas representan la cooperación (el juego justo), y los halcones,

Francmasones afroamericanos desfilan por las calles del Nueva Orleans de los años cincuenta, en Luisiana.

El espíritu de la igualdad (que aquí sostiene la Declaración de los derechos humanos y de los ciudadanos de Francia, de 1789) reside en el corazón de la masonería. Obsérvense los símbolos masónicos que rodean a la imagen.

la explotación (la avaricia). La versión más simple enfrenta a los halcones con las palomas en distintos porcentajes y registra la puntuación del conjunto. Cuando dos palomas coinciden, ambas resultan un poco ganadoras. Cuando se confrontan un halcón y una paloma, el primero gana y la segunda pierde. Al enfrentarse dos halcones, ambos pierden. Cuando hay mayoría de palomas, los halcones hacen un gran negocio pero, globalmente, la puntuación es aceptable. A medida que aumentan los halcones, la puntuación global baja y sólo un reducido porcentaje de halcones logra una puntuación aceptable. Cuando hay mayoría de halcones, todo el mundo sale perdiendo (las pocas palomas son salvajemente asesinadas).

El juego aún puede complicarse al introducir elementos como la explotación de recursos, los ciclos de reproducción y extinción, la aplicación de represalias, etc. Pero si se introduce la reproducción, los halcones sobrepasan y exterminan a las palomas, a menos que se establezca un conflicto entre los halcones.

Los paralelismos con los cambios que ha sufrido la sociedad son muy claros. Hoy en día, podemos estar contentos si un trabajo nos dura tres años; incluso los trabajadores mejor cualificados necesitan dos sueldos; las horas de trabajo y los niveles de estrés se han disparado; los padres no se atreven a dejar a sus hijos fuera de su vista y menos a que jueguen en la calle sin vigilancia; la tasa de divorcios es abrumadora; el asunto de las pensiones está empezando a parecer una burla; las empresas han perdido cualquier signo de decoro; y el dinero está totalmente concentrado en las altas esferas de la sociedad.

El nuevo orden mundial

En 2001, las personas más ricas de Estados Unidos, que suponían un 5 % del total de la población, acumulaban el

El juego «halcones y palomas» muestra cómo se expande el comportamiento antisocial hasta acabar destruyendo a la sociedad.

59 % del dinero circulante en el país (el 33 % estaba en manos del 1 % perteneciente a la franja superior en ese grupo). Eso quiere decir que el 95 % restante sólo manejaba el 41 %; aún peor, dentro de esa franja, al 50 % inferior sólo le correspondía un 2 % de ese dinero. Las cifras empeoran cada año; el 5 % de los de arriba se hacen con más dinero del total que obtiene el 50 % mencionado. Pero no siempre ha sido así; entre 1947 y 1974, el incremento medio de ingresos por familia fue de casi el 100 % en toda la sociedad. Un poco mayor en el 20 % de los situados a la cabeza y algo menor en el 20 % de los situados a la cola. Entre 1974 y 1998, la suma de dinero «real» —o, en otras palabras, la cantidad real de dólares— que ingresó el 20 % de la franja inferior aumentó sólo en un 3 %, mientras que subió en casi un 90 % en el 20 % de los pertenecientes a la franja superior. Y eso que, de entrada, éstos ganaban cinco veces más, sin tener en cuenta las sustanciosas cantidades que tenían ahorradas.

Ken Patterson, gran maestro adjunto de la Gran Logia de Irlanda, invita al público a echar un vistazo en el interior (año 2000).

Estados Unidos es el exponente más extremo de la abismal diferencia entre ricos y pobres, pero Canadá, Australia y Europa le siguen de cerca y, si se analizan globalmente, las cifras son peores en estos lugares. ¿Acaso resulta sorprendente que las cosas continúen empeorando? ¿Cuántas palomas quedarán antes de llegar a la debacle?

A medida que estropeamos nuestra calidad de vida, llenamos el hueco con nuevas opciones de ocio; vale todo lo que permita adormecer el estrés y anestesiar el sufrimiento. Pero tenemos poco tiempo, y el empeoramiento de nuestra calidad de vida supone tener que trabajar más horas e incluso tener que dedicar más tiempo a organizar nuestras vidas. Al margen de la televisión, el cine, internet y los videojuegos, poco tiempo queda para relajarse.

Ser miembro en la actualidad

En este nuevo «mundo feliz», la francmasonería pasa por dificultades para llevar a cabo su cometido. Sus miembros deben disponer de tiempo que dedicarle regularmente. Hay trabajo que hacer antes de cada tenida. Hay que pagar unas cuotas de «membresía» a la logia y costear los ágapes que se celebran. Francamente, se está convirtiendo en un lujo que cada vez menos gente se puede permitir.

Las estadísticas son aterradoras en todo el mundo. Desde que la francmasonería alcanzó su cota máxima, en los años sesenta, con cerca de 3,6 millones de miembros en Estados Unidos, la cifra de integrantes ha caído en más de un 50 % (en 2002, en ese país, ya eran 1,6 millones). Y la edad media de los francmasones ha aumentado. En los años cincuenta, ésta era de unos cuarenta años. Hoy en día, está cercana a los setenta años. El Oficio está muriendo de viejo, y lo hace a velocidades vertiginosas. Además, los miembros venerables no poseen ni la capacidad ni la vitalidad para cambiar las cosas que poseen los miembros jóvenes. Aún peor, la tasa media de asistencia a la logia ha caído desde un 60 % o más a un 10 %; en otras palabras, los masones activos en Estados Unidos han pasado de los 2 millones a unas 150.000 personas, lo que supone una caída del 92,5 %. Pero la estadística más preocupante es la que indica que la mayoría de neófitos, cerca del 90 %, permanece en la orden hasta obtener el grado de maestro masón, abandonándola entonces.

En 1988, se encargó una encuesta para indagar cuántas personas ajenas a la masonería sabían de ella y qué

Ya en 1992, en la asamblea general anual de la UGLE se podía constatar el aumento de la edad media de sus miembros.

pensaban acerca de un posible ingreso en el Oficio. Los resultados revelaron los problemas de la francmasonería. Por entonces, sólo un 15 % de los hombres encuestados pertenecía a algún tipo de asociación y la mayoría declaraba no tener tiempo para implicarse; el 56 % estimó que disponía de tan sólo una hora libre a la semana; sólo un 2 % mostró interés por pertenecer a la francmasonería, mientras que un 22 % más afirmó que se lo plantearía sólo en caso de que ser miembro aportase ventajas reales.

Cuando se les pidió que explicasen qué ventajas esperaban de ese tipo de sociedades, las respuestas fueron, por orden: conocer a gente nueva, trabajar para la comunidad, tener cosas que hacer con sus amigos o con su familia, conseguir contactos profesionales, desarrollar cualidades de liderazgo y, por último, asumir una posición de liderazgo. En cuanto al concepto que tenían de la sociedad masónica, el 71 % no tenía ni idea de lo que

ésta era; el 26 % decía tener una leve idea y una buena impresión, y sólo un 3 % de los encuestados manifestó una opinión neutral o negativa sobre la misma.

Un año después, en 1989, se recurrió al mismo equipo de profesionales. Se les encargó un estudio de las características de los miembros de la francmasonería. Éste puso de manifiesto que el 53 % de los miembros tenía más de 60 años (una cifra mayor en la actualidad). Dos tercios eran masones desde hacía más de 20 años, y el 95 % de ellos había dejado de asistir a la logia. Tan sólo menos de un tercio había ido más allá de los tres grados que confiere la masonería simbólica. En total, un 87 % de los miembros aseguró estar totalmente satisfecho pero, simplemente, no acudía a la logia. Tres cuartos de ellos lo achacaban a la falta de tiempo, pero dos tercios de los que así lo hacían estaban jubilados y tres cuartos no pertenecían a ningún otro tipo de organización que les pudiera robar tiempo.

Arbeitsteppich («tapiz de trabajo») del año 1760. Este tapiz, que pertenece a una logia alemana, muestra el magnífico simbolismo del Oficio. Los ricos misterios de la francmasonería deben ser defendidos y redefinidos en el mundo moderno.

Pérdida de interés por el Oficio

Las conclusiones son obvias. La mayoría de los miembros prefiere quedarse en casa. No están motivados para asistir a las reuniones de la logia. Por otra parte, los miembros potenciales valoran la familia, la comunidad, la beneficencia, la fraternidad y el liderazgo, pero apenas disponen de tiempo libre y casi no saben nada sobre el Oficio. Esto hace que el número de miembros esté próximo al desastre, lo cual se agrava debido a que su edad media es cada vez mayor.

El futuro de la francmasonería

Evidentemente, hay determinados problemas subyacentes. A los seis meses de haberse unido a las filas de la masonería, sólo el 15 % de los nuevos hermanos asiste a las reuniones; el 5 % en el caso de los miembros más veteranos. Esto sólo puede significar que las logias no satisfacen las necesidades de sus miembros, o que no resultan tan interesantes como para que la gente les dé prioridad. Dado que la mayoría de los miembros son jubilados, no parece probable que su ausencia se deba al agotamiento de un día de trabajo. Como hemos visto, la francmasonería es una vehemente tradición mística rica en símbolos que encierra grandes enseñanzas, aún más importantes que nunca en este mundo hostil nuestro.

Debe de haber algún abismo entre la dimensión teórica de la francmasonería y su puesta en práctica.

Hay quien afirma que las tenidas de la logia resultan repetitivas, ya que se ejecutan los mismos rituales una y otra vez. Para colmo, ser un oficial de la logia supone un gran esfuerzo, al tener que memorizar larguísimos párrafos y, en algunas logias, para ser ascendido al grado de maestro masón se exigen determinados estudios. Las recompensas no resultan lo bastante buenas en los tiempos que corren. La encuesta de 1988 dejó claro lo que la gente espera del Oficio. Y son cuestiones que se pueden abordar perfectamente en el marco de las constituciones actuales. De todo esto se desprende que, si de verdad pretende pervivir en un futuro, la francmasonería debería sopesar a conciencia la manera de satisfacer los deseos de la gente en ese sentido.

Seguir haciendo lo que siempre se ha hecho no es suficiente. El mundo de hoy en día es muy diferente. Las antiguas costumbres ya no funcionan. La francmasonería debe adaptarse y debe hacerlo ya. Si falla, la luz de la Ilustración (la última de las escuelas místicas occidentales) se marchitará y morirá, anclada en una época pasada y en la apatía, reduciéndose a polvo. Y en un momento en que sus enseñanzas se hacen más necesarias que nunca, eso sería un crimen imperdonable.

Un antiguo cuarto de reflexión que anima a los aspirantes a masones a meditar sobre el sentido de sus vidas.

John Hamill, ex segundo gran diácono de la UGLE, abre las puertas del gran templo en un intento por atenuar la acusación de elitismo.

APÉNDICE

A continuación se indican algunas grandes logias de territorios escogidos de todo el mundo. Cada país está representado por la gran logia responsable de las logias simbólicas de esa zona y de cada jurisdicción; si están disponibles, se incluyen sus direcciones web y de correo electrónico (*sdc* quiere decir «sin datos de contacto»). La primera logia en cada zona es la principal gran logia regular de la misma. Por razones de espacio, no se han incluido todas; existen muchas más en Europa y en América Central y del Sur y, en menor medida, en África y Asia. Si se desea consultar un listado completo de todas las grandes logias conocidas en el mundo (regulares o no), recomiendo la excelente página de internet de Paul Bessel en la siguiente dirección: http://bessel.org/gls.htm.

AUSTRALIA Y NUEVA ZELANDA

Nueva Gales del Sur: Gran Logia Unida de Nueva Gales del Sur y del Territorio Capitalino Australiano, http://www.uglnsw.freemasonry.org.au. El Derecho Humano (mixta, «irregular»), http://www.australianco-masonry.netfirms.com, e-mail: megk@iprimus.com.au.

Nueva Zelanda: Gran Logia de Nueva Zelanda, http://www.freemasons.co.nz.

Queensland: Gran Logia Unida de Queensland, http://www.uglq.org.au. El Derecho Humano, http://www.australianco-masonry.netfirms.com, e-mail: howardsmith60@bigpondt.com.au

Australia del Sur: Gran Logia de Australia del Sur y el Territorio del Norte, http://www.freemasonryaus.org.au. El Derecho Humano, http://www.australianco-masonry.netfirms.com, e-mail: iboath@pembroke.sa.edu.au.

Tasmania: Gran Logia de Tasmania, Antiguos Masones Libres y Aceptados, http://www.freemasonrytasmania.org.

Victoria: Gran Logia Unida de Victoria, http://www.freemasonscis.net.au. El Derecho Humano, http://www.australianco-masonry.netfirms.com, e-mail: lephils@alphalink.com.auu.

Australia Occidental: Gran Logia de Australia Occidental, http://www.gl-of-wa.org.au. El Derecho Humano, http://www.australianco-masonry.netfirms.com, e-mail: kleyn@iprimus.com.

CANADÁ

Alberta: Gran Logia de Alberta, http://www.freemasons.ab.ca. Venerabilísima Gran Logia Prince Hall de Alberta, sdc.

Columbia Británica: Gran Logia de Columbia Británica y Yukon, http://www.freemasonry.bcy.ca. Venerabilísima Gran Logia Prince Hall de Masones Libres y Aceptados de Washington y jurisdicción (EE. UU.), http://www.mwphglwa.org. El Derecho Humano, http://www.dhcanada.org, e-mail: illumination@dhcanada.org.

Manitoba: Gran Logia de Manitoba, http://members.home.net/bobgalbr. Venerabilísima Gran Logia Prince Hall de Minnesota y jurisdicción (EE. UU.), tel.: +1 612 824 5150.

Nuevo Brunswick: Gran Logia de Nuevo Brunswick, http://www.glnb.ca.

Terranova: Gran Logia de Terranova y Labrador, http://www.newcomm.net/masonic.

Nueva Escocia: Gran Logia de Nueva Escocia, http://www.grandlodgens.org.

Ontario: Gran Logia de Canadá en la Provincia de Ontario, http://grandlodge.on.ca. Venerabilísima Gran Logia Prince Hall de Masones Libres y Aceptados de la Provincia de Ontario y jurisdicción, sdc.

Isla del Príncipe Eduardo: Gran Logia de la Isla del Príncipe Eduardo, http://www.freemasonry.pe.ca. Venerabilísima Gran Logia Prince Hall de Masones Libres y Aceptados de la Provincia de Ontario y jurisdicción, sdc.

Québec: Gran Logia de Québec, http://glq.ccdep.net. Venerabilísima Gran Logia Prince Hall de Masones Libres y Aceptados de la Provincia de Ontario y jurisdicción, sdc. El Derecho Humano, http://www.dhcanada.org, e-mail: liberte@dhcanada.org. Gran Oriente de Francia (jurisd. continental), http://www.godf.org/english/index_k.htm. Gran Logia de Francia (jurisd. anglosajona), http://www.gldf.org/html/content.htm. Gran Logia Nacional de Canadá (mixta, irregular), http://www.glnc.org/englindex.htm.

Saskatchewan: Gran Logia de Saskatchewan, http://masons.sk.ca.

ESPAÑA E HISPANOAMÉRICA

España e Hispanoamérica: Gran Logia de España, Gran Via de les Corts Catalanes, 617, 08007, Barcelona. Gran Logia Femenina de España, apartado de Correos 5.455, 08080, Barcelona. Respetable Logia Simbólica Fraternidad Universal n.º 5, e-mail: informacion@logia-fraternidad-universal5.com, Madrid. Gran Logia Renacimiento n.º 54 Al Oriente de A Coruña, apartado de Correos 6035 15080, A Coruña, e-mail: info@logiarenacimiento.org. Logia Moriá 143, apartado de Correos 3121, 30002, Murcia, e-mail: logiamoria@gmail. com. Supremo Consejo del Grado 33 y Último del Rito Escocés Antiguo y Aceptado para España, apartado de Correos 51.562, 28080, Madrid, e-mail: scg33esp@scg33esp.org. Minerva Lleialtat n.º 1, http://www. minervalleialtat.org, e-mail: minerva@glse.org. La Luz n.º 4, http://www. glse.org/laluz/, e-mail: la-luz@glse.org. Justicia n.º 7, e-mail: justicia@ glse.org. Hermes Tolerancia n.º 8, http://www.masoneriamadrid.org/, e-mail: hermes-tolerancia@glse.org. Manuel Iradier n.º 26, e-mail: manuel-iradier@ glse.org. Obreros de Hiram n.º 29, http://www.glse.org/ obreros-hiram, e-mail: obreros-hiram@glse.org. Resurrección n.º 30, e-mail: resurreccion@ glse.org. Amanecer n.º 31, e-mail: amanecer@glse.org. Descartes n.º 35, e-mail: descartes@glse.org. Luis Vives n.º 37, http://www.logialluisvives. org, e-mail: lluis-vives@glse.org. Justicia VII n.º 38, e-mail: justicia-7@ glse.org. Concordia IV n.º 40, e-mail: concordia-4@glse.org. François Aragó n.º 42, e-mail: francois-arago@glse.org. Concordia Barcino n.º 43, http://www.glse.org/concordia-barcino/, e-mail: concordia-barcino@ glse.org. Arte Real n.º 44, http://www.glse.org/artereal/, e-mail: artereal@ glse.org. La Fraternitat del Vallés n.º 45, http://www. fratvalles.org, e-mail: fraternitat-valles@glse.org. Miguel Server n.º 46, http://perso.wanadoo. es/lomise/, e-mail: miguel-servet@glse.org. Nicomedes Gómez n.º 50, http://www.logianicomedesgomez.org/, e-mail: nicomedes-gomez@ glse.org. Indivisible n.º 51, http://usuarios.lycos.es/ indivisibleasturias/, e-mail: indivisible@glse.org. Altuna n.º 52, e-mail: altuna@glse.org. Logos n.º 53, e-mail: logos@glse.org. Conde Aranda n.º 54, http://www. logiacondearanda.org, e-mail: conde.aranda@glse.org. Res Publica n.º 56, http://www.glse.org/respublica/, e-mail: res.publica@ glse.org. Joaquín Sorolla n.º 57, http://www.geocities.com/athens/agora/ 7069/sorolla.htm, e-mail: joaquin.sorolla@glse.org. Antonio Machado n.º 58, e-mail: a.machado@glse.org. Yod del Maresme n.º 59, e-mail: yod@glse.org. Manuel Fabra n.º 60, http://www.rlmanuelfabra.org, e-mail: mfabra@ glse.org. Conocimiento n.º 61, e-mail: conocimiento@ glse.org. Artesanos de la Luz n.º 62, e-mail: artesanos.luz@glse.org. Theorema, e-mail: http://www.logiatheorema.com/, theorema@glse.org. Distrito Catalano Balear, e-mail: glcb@glse.org.

ESTADOS UNIDOS

Alabama: Gran Logia de Masones Libres y Aceptados de Alabama, http://www.alagl.org, e-mail: gsec@alagl.org. Venerabilísima Gran Logia Prince Hall de Masones Libres y Aceptados de Alabama, tel.: +1 205 328 9078. Federación Americana de Derechos Humanos (mixta, irregular), http://www.co-masonry.org.

Alaska: Gran Logia de Masones Libres y Aceptados de Alaska, http://www.alaska-mason.org, e-mail: grandlodge@alaska.com. Venerabilísima Gran Logia Prince Hall de Masones Libres y Aceptados de Alaska y su jurisdicción, Inc., tel.: +1 907 646 2210. Venerabilísima Gran Logia del Rey Salomón de Antiguos Masones Libres y Aceptados, Inc. (irregular), sdc. Federación Americana de los Derechos Humanos (mixta, irregular), http://www.co-masonry.org.

Arizona: Gran Logia de Arizona de Masones Libres y Aceptados, http://www.azmasons.org. e-mail: azgnd_ldg@azmasons.org. Venerabilísima Gran Logia Prince Hall de Masones Libres y Aceptados de Arizona y jurisdicción, Inc., http://vww.azmwphgl.com. Gran Logia Ezra de Antiguos Masones Libres y Aceptados (irregular), sdc. Federación Americana de los Derechos Humanos (mixta, irregular), http://www.co-masonry.org.

Arkansas: Venerabilísima Gran Logia de Masones Libres y Aceptados de Arkansas, http://www.arkmason.org, e-mail: jlweatherall@juno.com. Venerabilísima Gran Logia Prince Hall de Masones Libres y Aceptados, Inc., jurisdicción de Arkansas, http://arkphagrandlodge.com. Gran Logia de San Jaime de Antiguos Masones Libres y Aceptados (irregular), sdc.

California: Gran Logia de Masones Libres y Aceptados de California, http://www.freemason.org, e-mail: gloffice@fereemason.org. Venerabilísima Gran Logia Prince Hall de Masones Libres y Aceptados, estado de California, Inc., http://mwphglch.org. Venerabilísima Gran Logia Puerta Dorada de Antiguos Masones Libres y Aceptados (irregular), sdc. Gran Logia Esotérica de Estados Unidos (irregular), sdc. Federación Americana de los Derechos Humanos (mixta, irregular), http://www.co-masonry.org. Federación Americana El Derecho Humano (mixta), http://www. comasonic.org.

Colorado: Venerabilísima Gran Logia de Antiguos Masones Libres y Aceptados de Colorado, http://www.coloradomasons.org, e-mail: gloffice@coloradomasons.org. Venerabilísima Gran Logia Prince Hall de Colorado, Wyoming, Utah y Partes de Corea del Sur, http://www.users.uswest.net/~rfharlan. Federación Americana El Derecho Humano (mixta), http://www.comasonic.org.

Connecticut: Gran Logia de Connecticut de Antiguos Masones Libres y Aceptados, http://www.ctfreemasons.net, e-mail: grandlodge@masonicare.org. Venerabilísima Gran Logia Prince Hall de Connecticut, lnc., Masones Libres y Aceptados, tel.: +1 203 329 9957.

Delaware: Gran Logia de Antiguos Masones Libres y Aceptados de Delaware, http://www.masonsindelaware.org, e-mail: grandsecdel@masonsindelaware.org. Venerabilísima Gran Logia Prince Hall de Masones Libres y Aceptados de Delaware, http://mwphgl-de.s5.com. Federación Americana de los

Derechos Humanos (mixta, irregular), http://www.co-masonry.org. Federación Americana El Derecho Humano (mixta), http://www.comasonic.org.

Distrito de Columbia: Gran Logia de Antiguos Masones Libres y Aceptados del Distrito de Columbia, http://dcgrandlodge.org, grandlodge@dcgrandlodge.org. Venerabilísima Gran Logia Prince Hall, Masones Libres y Aceptados, PHA. jurisdicción del Distrito de Columbia, Inc., http://mwphgldc.com. Asociación George Washington (mixta), http://www.chez.com/gwu. Gran Logia Femenina de Bélgica (femenina), http://users.swing.be/mason/ index_en.htm. Gran Logia Huge B. Ings (irregular), sdc. Federación Americana El Derecho Humano (mixta), http://www.comasonic.org.

Florida: Venerabilísima Gran Logia de Masones Libres y Aceptados de Florida, http://www.glflamason.org, e-mail: gsoffice@glflamason.org. Venerabilísima Gran Logia Unida, Masones Libres y Aceptados, Afiliaciones con movimiento Prince Hall, jurisdicción de Florida, Belice y América Central, Inc., http://www.mwuglflorida.org. Gran Logia Meridional (irregular), sdc. Federación Americana El Derecho Humano (mixta), http://www.comasonic.org.

Georgia: Gran Logia de de Masones Libres y Aceptados del Estado de Georgia, http://www.glofga.org, e-mail: fam2@bellsouth.net. Venerabilísima Gran Logia Prince Hall de Masones Libres y Aceptados, jurisdicción de Georgia, http://svmw.mwphgl.georgia.org. Federación Americana El Derecho Humano (mixta), http://www.comasonic.org.

Hawai: Gran Logia de Hawai de Masones Libres y Aceptados, http://www.grandlodgehi.com, e-mail: grandsecretary@grandlodgehawaii.com. Venerabilísima Gran Logia Prince Hall de Hawai, http://www.mwphglofhawaii.org.

Idaho: Gran Logia de Antiguos Masones Libres y Aceptados de Idaho, http://www.idahoaf.am. (Masonería Prince Hall, establecida por la Gran Logia de Oregón y Nevada.)

Illinois: Gran Logia de Antiguos Masones Libres y Aceptados de Illinois, http://www.ilmason.org, e-mail: bobkalb@afam-il.org. Venerabilísima Gran Logia Prince Hall de Masones Libres y Aceptados del Estado de Illinois y jurisdicción, http://www.mwphglil.com. Gran Logia Hiram (irregular), sdc. Federación Americana de los Derechos Humanos (mixta, irregular), http://www.co-masonry.org. Federación Americana El Derecho Humano (mixta), http://www.comasonic.org.

Indiana: Gran Logia de Masones Libres y Aceptados de Indiana, http://www.indianamasons.org, roger@indianamasons.org. Venerabilísima Gran Logia Prince Hall de Masones Libres y Aceptados de la jurisdicción de Indiana, http://www.sigmaduke.us/glodgein. Federación Americana El Derecho Humano (mixta), http://www.comasonic.org.

Iowa: Gran Logia de Antiguos Masones Libres y Aceptados de Iowa, http://www.gl-iowa.org, e-mail: gliowa@qwest.net. Federación Americana de los Derechos Humanos (mixta, irregular), http://www.co-masonry.org. Federación Americana El Derecho Humano (mixta), http://www.comasonic.org.

Kansas: Gran Logia de Antiguos Masones Libres y Aceptados de Kansas, http://gl-ks.org, e-mail: glksafam@alltel.net. Venerabilísima Gran Logia Prince Hall de Masones Libres y Aceptados de Kansas y sus jurisdicciones, http://www.phglks.org. Federación Americana de los Derechos Humanos (mixta, irregular), http://www.co-masonry.org. Federación Americana El Derecho Humano (mixta), http://www.comasonic.org.

Kentucky: Gran Logia de Masones Libres y Aceptados de Kentucky, http://grandlodgeofkentucky.org, e-mail: glofky@aol.com. Venerabilísima Gran Logia Prince Hall de Masones Libres y Aceptados de Kentucky, tel.: +1 502 776 5560. Federación Americana El Derecho Humano (mixta), http://www.comasonic.org.

Luisiana: Gran Logia de Masones Libres y Aceptados del Estado de Luisiana, http://www.la-mason.com/gl.htm, e-mail: glodge@cox-internet.com. Venerabilísima Gran Logia Prince Hall de Masones Libres y Aceptados del Estado de Luisiana y jurisdicción, http://www.theplumbline.org. Federación Americana de los Derechos Humanos (mixta, irregular), http://www.co-masonry.org. Federación Americana El Derecho Humano (mixta), http://www.comasonic.org.

Maine: Gran Logia de Masones Antiguos Libres y Aceptados de Maine, http://www.mainemason.org, e-mail: grandlodge@mainemason.org. (Masonería Prince Hall, establecida por la Gran Logia de Massachussets.)

Maryland: Gran Logia de Masones Antiguos Libres y Aceptados de Maryland, http://www.mdmasons.org/gl/default.asp, e-mail: glmaryland@erols.com. Venerabilísima Gran Logia Prince Hall de Masones Libres y Aceptados del Estado de Maryland y jurisdicción, http://www.mwphglmd.org. Federación Americana de los Derechos Humanos (mixta, irregular), http://www.co-masonry.org. Federación Americana El Derecho Humano (mixta), http://www.comasonic.org.

Massachussets: Venerabilísima Gran Logia de Antiguos Masones Libres y Aceptados de Estado de Massachussets, http://www.glmasons-mass.org, e-mail: grandsec@glmasons-mass.org. Gran Logia Prince Hall de Masones Libres y Aceptados, jurisdicción de Massachussets, http://www.princehall.org. Federación Americana de los Derechos Humanos (mixta, irregular), http://www.co-masonry.org. Federación Americana El Derecho Humano (mixta), http://www.comasonic.org.

Michigan: Gran Logia de Masones Libres y Aceptados de Michigan, http://www.gl-mi.org, e-mail: gl-office@gl-mi.org. Venerabilísima Gran Logia Prince Hall de Masones Libres y Aceptados, jurisdicción de Michigan, http://www.miphgl.org. Federación Americana de los Derechos Humanos (mixta, irregular), http://www.co-masonry.org. Federación Americana El Derecho Humano (mixta), http://www.comasonic.org.

Minnesota: Gran Logia de Antiguos Masones Libres y Aceptados de Minnesota, http://mn-mason.org, e-mail: mn-mason@spacestar.com. Venerabilísima Gran Logia Prince Hall de Minnesota y jurisdicción, tel.: +1 612 824 5150.

Mississippi: Gran Logia de Mississippi de Masones Libres y Aceptados, Mississippi, http://msgrandlodge.org, e-mail: grsec@msgrandlodge.org. Venerabilísima Gran Logia Stringer de Masones Libres y Aceptados (Afiliaciones con movimiento Prince Hall), jurisdicción de Mississippi, tel.: +1 601 354 1403. Federación Americana de los Derechos Humanos (mixta, irregular), http://www.co-masonry.org. Federación Americana El Derecho Humano (mixta), http://www.comasonic.org.

Missouri: Gran Logia de Antiguos Masones Libres y Aceptados, http://www.momason.org, e-mail: rmiller@tranquility.net. Venerabilísima Gran Logia Prince Hall de Masones Libres y Aceptados de Missouri y jurisdicción, http://www.phaglmo.org. Federación Americana El Derecho Humano (mixta), http://www.comasonic.org.

Montana: Gran Logia de Antiguos Masones Libres y Aceptados de Montana, http://www.grandlodgemontana.org, e-mail: mtglsec@grandlodgemontana.org. (Masonería Prince Hall, establecida por la Gran Logia de Oregón.)

Nebraska: Gran Logia de Antiguos Masones Libres y Aceptados de Nebraska, http://www.nebraska-grand-lodge.org. Venerabilísima Gran Logia Prince Hall de Masones Libres y Aceptados de Nebraska y su jurisdicción, http://mwphglne.org. Federación Americana El Derecho Humano (mixta), http://www.comasonic.org.

Nevada: Gran Logia de Masones Libres y Aceptados del Estado de Nevada, http://www.nvmasons.org, e-mail: nvgsec@nvmasons.org. Venerabilísima Gran Logia Prince Hall de Masones Libres y Aceptados de Nevada, Inc., http://pw2.netcom.com/~cwsearcy/index1.htm. Gran Logia del Sol Naciente (irregular), sdc. Federación Americana de los Derechos Humanos (mixta, irregular), http://www.co-masonry.org. Federación Americana El Derecho Humano (mixta), http://www.comasonic.org.

Nueva Hampshire: Gran Logia de Masones Libres y Aceptados de Nueva Hampshire, http://www.nhgrandlodge.org. (Masonería Prince Hall, establecida por la Gran Logia de Massachussets.)

Nueva Jersey: Gran Logia de Masones Libres y Aceptados de Nueva Jersey, http://njfreemasonry.org, e-mail: gen_misc@njmasonic.org. Venerabilísima Gran Logia Prince Hall de Masones Libres y Aceptados del Estado de Nueva Jersey, http://www.mwphglnj.org. Gran Logia Garden State de Antiguos Masones Libres y Aceptados (irregular), http://www.geocities.com/athens/delphi/6637. Federación Americana El Derecho Humano (mixta), http://www.comasonic.org.

Nuevo México: Gran Logia de Antiguos Masones Libres y Aceptados de Nuevo México, http://nmmasons.org, e-mail: nmgndldg@juno.com. Venerabilísima Gran Logia Prince Hall de Masones Libres y Aceptados del Estado de Nuevo México, Inc., http://www.mwphglnm.org. Federación Americana de los Derechos Humanos (mixta, irregular), http://www.co-masonry.org.

Nueva York: Gran Logia de Masones Libres y Aceptados de Nueva York, http://www.nymasons.org, e-mail: grand_secretary@nymasons.org. Venerabilísima Gran Logia Prince Hall de la Antiquísima y Honorabilísima Fraternidad de Masones Libres y Aceptados del Estado de Nueva York, http://www.geocities.com/mwphglony. Federación Americana El Derecho Humano (mixta), http://www. comasonic.org. La Serenísima Gran Logia de la Lengua Española (para EE. UU.), http://www.msnr.org/usala. Gran Logia de Misterios Antiguos Universales (irregular), http://www.grandlodgeaum.org/index.html. Gran Oriente de Francia, http://www.godf.org/foreign/ uk/index_uk.html. Gran Logia Femenina de Bélgica (femenina), http:// users.swing.be/mason/index_en.htm.

Carolina del Norte: Gran Logia de Antiguos Masones Libres y Aceptados de Carolina del Norte, http://www.grandlodge-nc.org, e-mail: rcarter@grandlodge-nc.org. Venerabilísima Gran Logia Prince Hall de Masones Libres y Aceptados de Carolina del Norte y sus jurisdicciones, http://www.mwphglnc.com. Federación Americana de los Derechos Humanos (mixta, irregular). http://www.co-masonry.org. Federación Americana El Derecho Humano (mixta), http://www.comasonic.org.

Dakota del Norte: Gran Logia de Antiguos Masones Libres y Aceptados de Dakota del Norte, http://mastermason.com/glnd/glndindex.htm, e-mail: masonnd@aol.com. (Rama de Masonería Prince Hall de Minnesota.)

Ohio: Gran Logia de Masones Libres y Aceptados de Ohio, http://www. freemason.com, e-mail: gbraatz@freemason.com. Venerabilísima Gran Logia Prince Hall de Masones Libres y Aceptados de Ohio, http://www. phaohio.org. Federación Americana de los Derechos Humanos (mixta, irregular), http://www.co-masonry.org. Federación Americana El Derecho Humano (mixta), http://www.comasonic.org.

Oklahoma: Gran Logia de Antiguos Masones Libres y Aceptados de Oklahoma, http://www.gloklahoma.org. Venerabilísima Gran Logia Prince Hall de Masones Libres y Aceptados de la jurisdicción de Oklahoma, http://www.geocities.com/okj_mwphgl. Federación de los Derechos Humanos (mixta, irregular), http://www.co-masonry.org. Federación Americana El Derecho Humano (mixta), http://www.comasonic.org.

Oregón: Gran Logia de Masones Antiguos Libres y Aceptados de Oregón, http://www.masonic-oregon.com, e-mail: grandsecretary@masonic-oregon. com. Venerabilísima Gran Logia Prince Hall de Masones Libres y Aceptados de Oregón, Inc., tel.: +1 503 218 2225. Federación de los Derechos Humanos (mixta, irregular), http://www.co-masonry.org. Federación Americana El Derecho Humano (mixta), http://www.comasonic.org.

Pensilvania: Gran Logia de Masones Libres y Aceptados de Pensilvania, http://www.pagrandlodge.org, e-mail: gsoffice@pagrandlodge.org. Venerabilísima Gran Logia Prince Hall de Masones Libres y Aceptados de Pensilvania, http://www.princehall-pa.org. Federación de los Derechos Humanos (mixta, irregular), http://www.co-masonry.org. Federación Americana El Derecho Humano (mixta), http://www.comasonic.org.

Rhode Island: Gran Logia de Masones Libres y Aceptados de Rhode Island, http://www.rimasons.org, e-mail: grandlodge@rimasons.org. Venerabilísima Gran Logia Prince Hall de Masones Libres y Aceptados del Estado de Rhode Island, tel.: +1 401 461 2600.

Carolina del Sur: Gran Logia de Masones Antiguos Libres de Carolina del Sur, http://www.scgrandlodgeafm.org, e-mail: scgrandlodge@juno.com. Federación Americana de los Derechos Humanos (mixta, irregular), http://www.co-masonry.org. Federación Americana El Derecho Humano (mixta), http://www.comasonic.org.

Dakota del Sur: Gran Logia de Antiguos Masones Libres y Aceptados de Dakota del Sur, http://mastermason.com/southdakota, e-mail: glodgeofsd@ll.net. (Masonería Prince Hall, establecida por la Gran Logia de Kansas.)

Tennessee: Gran Logia de Masones Libres y Aceptados de Tennessee, http://www.grandlodge-tn.org, e-mail: grsectn@korrnet.org. Venerabilísima Gran Logia Prince Hall de Masones Libres y Aceptados de Tennessee, tel.: +1 901 774 7230. Masones Viajeros del Mundo, Inc. (irregular), sdc. Federación Americana de los Derechos Humanos (mixta, irregular), http://www.co-masonry.org. Federación Americana El Derecho Humano (mixta), http://www.comasonic.org.

Texas: Gran Logia de Antiguos Masones Libres y Aceptados de Texas, http://www.grandlodgeoftexas.org. Gran Logia Prince Hall de Texas, http://www.mwphglotx.org. Federación Americana de los Derechos Humanos (mixta, irregular), http://www.co-masonry.org. Federación Americana El Derecho Humano (mixta), http://www.comasonic.org.

Utah: Gran Logia de Masones Libres y Aceptados de Utah, http://www. utahgrandlodge.org. e-mail: utahgs@e-mail.com. (Masonería Prince Hall, establecida por la Gran Logia de Texas y Colorado.)

Vermont: Gran Logia de Masones Libres y Aceptados de Vermont, http://www.vtfreemasons.org/grandlodge.htm, e-mail: glsec@vtfreemasons. org. (En este Estado no se conoce de Logias de Masonería Prince Hall.)

Virginia: Gran Logia de Antiguos Masones Libres y Aceptados de Virginia, http://www.grandlodgeofvirginia.org, e-mail: grandlodge@rcn.com. Venerabilísima Gran Logia Prince Hall de Virginia, Inc., http://www. mwphgl-va.org. Masones Libres y Aceptados de las Repúblicas Democráticas (irregular), http://www.realtycom.net/gl.

Washington: Gran Logia de Masones Libres y Aceptados de Washington, http://www.freemason-wa.org, e-mail: grandsecretary@freemason-wa.org. Venerabilísima Gran Logia Prince Hall de Masones Libres y Aceptados de Washington y jurisdicción, http://www.mwphglwa.org. La Segunda Gran Federación Americana de los Derechos Humanos (mixta, irregular). http:fwww.co-masonry.org. Federación Americana El Derecho Humano (mixta), http://www.comasonic.org.

Virginia del Oeste: Gran Logia de Antiguos Masones Libres y Aceptados de Virginia del Oeste, http://www.wvmasons.org. Venerabilísima Gran Logia Prince Hall de Masones Libres y Aceptados de Virginia del Oeste, Inc., tel.: +1 304 239 2731. Federación Americana de los Derechos Humanos (mixta, irregular), http://www.co-masonry.org. Federación Americana El Derecho Humano (mixta), http://www.comasonic.org.

Wisconsin: Gran Logia de Masones Libres y Aceptados de Wisconsin, http://www.wisc-freemasonry.org, e-mail: glo@)wisc-freemasonry.org. Venerabilísima Gran Logia Prince Hall de Masones Libres y Aceptados de Wisconsin, Inc., http://www.wiprincehallgrandlodge.org. Federación de los Derechos Humanos (mixta, irregular), http://www.co masonry.org. Federación El Derecho Humano (mixta), http:// www.comssonic.org.

Wyoming: Gran Logia de Antiguos Masones Libres y Aceptados de Wyoming, http://www.wyomingmasons.com, e-mail: grandsecretary@ wyomingmasons. com. (Masonería Prince Hall, establecida por la Gran Logia de Colorado.)

GRAN BRETAÑA E IRLANDA

Inglaterra: Gran Logia Unida de Inglaterra. http://www.ugle.co.uk. Honorable Fraternidad de Francmasonas Antiguas (femenina), http://www.powerpro.demon.co.uk/hfaf. La Orden de Mujeres Francmasonas (femenina), tel.: +44 171 229 2368. Francmasonería Mixta Internacional (mixta), tel.: +44 181 339 9000. El Derecho Humano, http://www.droit-humain.org/uk.

Irlanda (toda la isla): Gran Logia de Irlanda, http://www.irish-freemasons. org. El Derecho Humano, http://www.droit-humain.org.

Escocia: Gran Logia de Escocia, http://www.grandlodgescotland.com. El Derecho Humano, http://www.droit-humain.org/uk.

Gales: Gran Logia Unida de Inglaterra, http://www.ugle.co.uk.

SURÁFRICA

Suráfrica: Gran Logia de Suráfrica, http://www.grandlodge.co.za/ glsamain.html.

Los números en cursiva indican ilustraciones.

AGRADECIMIENTOS

Me gustaría dar especialmente las gracias a Graham Pattenden, por su ayuda a la hora de conseguir información, a Harry y Barbara Marnient, por los años de amistad y apoyo (entre otras cosas) y a la serena Logia Brethren of Venture Adventure, englobada en la Gran Logia Unida de Inglaterra. Les aseguro que es imposible dar con un grupo de hombres más amables, divertidos y generosos que ellos.

Se puede contactar con Tim Dedopulos en dedopulos@gmail.com.

CRÉDITOS DE LAS IMÁGENES